"¡Gran trabajo! Es necesario que las personas que estuvieron presentes escriban la verdadera historia de la Declaración y sobre cómo se manipuló el lenguaje clave del documento original, un lenguaje por el que tanto luchamos. Has hecho un trabajo asombroso. Te admiro y admiro tu trabajo. Es el amor de una mujer por su gente lo que ha motivado este trabajo que es para las futuras generaciones. Estamos en una larga lucha para liberarnos. Los pueblos indígenas deben seguir avanzando, ya que los que aún no han nacido están esperando que les creemos un buen lugar".

Sharon Venne, Nehiyaw (Cree)
Abogada

internacional. El proceso tormentoso que ella describe revela que los estados interpretan la frase "estado de derecho" como "sus reglas y sus leyes", dejando a los pueblos indígenas, incluso hoy en día, a merced de los estados y de las instituciones dominadas por los estados, como la ONU".

David E. Wilkins, Lumbee

Coautor de *Uneven Ground: American Indian Sovereignty and Federal Law*

"¿La Declaración de las Naciones Unidas sobre los derechos de los Pueblos Indígenas protege realmente los derechos indígenas? Charmaine White Face nos presenta una serie de argumentos poderosos y documentación clara sobre cómo los derechos indígenas fueron aprobados para favorecer los poderes de los estados nacionales y su jurisdicción, y no para favorecer a las Naciones Indígenas que viven dentro de los estados nacionales. Muchas organizaciones indígenas que participaron en las largas negociaciones sobre la Declaración no dieron su consentimiento a las versiones finales de la Declaración de la ONU. La versión final de la Declaración ignoró el autogobierno indígena, los derechos al territorio, la ciudadanía plural, los derechos de apelación ante los organismos internacionales para la resolución de conflictos y los derechos efectivos de consentimiento informado. En lugar de proteger y articular los derechos indígenas, los pueblos indígenas cuentan, ahora, con más de 30 mandatos para que los estados nacionales los incluyan como ciudadanos dentro de los marcos culturales, legales y políticos, sin embargo, estos mandatos no se pueden hacer cumplir. Los pueblos indígenas están dispuestos a trabajar con los estados nacionales, sin tener que pagar el precio de la pérdida de sus derechos indígenas a la tierra, al autogobierno y a la autonomía cultural. Este libro nos ofrece un análisis y evaluación detalladas que muestran cómo los estados nacionales y las Naciones Unidas ignoraron los derechos de los pueblos indígenas al adoptar la Declaración. Todos los interesados en el bienestar de los pueblos indígenas deberían leer este libro".

Duane Champagne, Turtle Mountain Band of Chippewa

Autor de *Captured Justice: Native Nations Under Public Law 280*

Los Derechos de las Naciones Indígenas: un Balance

Un análisis de
la Declaración sobre los Derechos de los Pueblos Indígenas

Charmaine White Face, Zumila Wobaga

Portavoz

Consejo de los Tratados de la Nación Sioux

Traducido del inglés por Urpi Saco Chung
y Tupac Enrique Acosta

Chantlaca Publications

Phoenix, Arizona | 2024

Segunda Edición

Los Derechos de las Naciones Indígenas: un balance
Un análisis de la Declaración sobre los Derechos de los Pueblos Indígenas

Chantlaca Publications
Tupac Enrique Acosta
3810 N 14th Place
Phoenix, Arizona
85014 USA

Second Edition designed by Multimedia Publishing Project
based on the English book version
123 N. Centennial Way, Suite 105
Mesa, Arizona 85201
480-939-9689

Paperback ISBN: 979-8-9889942-0-6

Primera edición en inglés 2013.
Publicado bajo permiso de Living Justice Press, 2093 Juliet Avenue, St.
Paul, MN 55105. Tel. (651) 695-1008 www.livingjusticepress.org.
Edición original de Cathy Broberg

Concepto de portada de Charmaine White Face
Diseño de portada por David Spohn
Traducido al español por Urpi Saco Chung

DEDICADO A

Tony Black Feather, al profesor Miguel Alfonso Martínez
y a todos los defensores de los
derechos humanos de los pueblos indígenas.

Contenido

Introducción a la traducción al español

El análisis narrativo y comparativo en este estudio fundamental de la Declaración de las Naciones Unidas sobre los Derechos de los Pueblos Indígenas, realizado por Charmaine White Face, nos proporciona un marco de referencia crítico para la lucha por la autodeterminación que enfrentan hoy las Naciones Originarias de los Pueblos Indígenas dentro del ámbito global donde los poderes geopolíticos son cambiantes. La edición original en inglés de este libro se publicó en el 2013. Hoy, con esta traducción al español disponible para los líderes de los Pueblos Indígenas del mundo, en un momento decisivo en la historia de los asuntos mundiales, el Mandato de los Pueblos Indígenas se manifiesta, una vez más, poderoso, con propósito y con un mensaje para toda la humanidad.

El texto final de la Declaración, adoptado por la Asamblea General de la ONU el 13 de septiembre de 2007, fue precedido por otras dos versiones.

En 1994 la Subcomisión de Prevención de Discriminaciones y Protección a las Minorías aprobó el Texto Original de la declaración. Este texto fue producto de muchos años de deliberaciones que se dieron gracias a la participación significativa y decisiva de los Pueblos Indígenas de todo el mundo.

En el 2006, el Consejo de Derechos Humanos de la ONU adoptó una versión de la declaración presentada por un solo funcionario del sistema de la ONU, el Presidente-Relator del Grupo de Trabajo sobre el Proyecto de la Declaración, el Sr. Luis Enrique Chávez. Después de que la Unión Africana insertara cambios en esta versión, la Asamblea General de la ONU incluyó nueve cambios adicionales en la versión final del texto que fue aprobado en el 2007.

La presentación de la versión de la declaración adoptada por la Asamblea General fue impugnada, durante la reunión del Grupo de Trabajo sobre el Proyecto de la Declaración en la sede de la ONU en

Ginebra, Suiza, el 29 de noviembre del 2004, por un ayuno espiritual/ huelga de hambre de cinco días realizada por seis delegados indígenas. Con el apoyo y la solidaridad de los Pueblos Indígenas de todo el mundo, se exigió que el Texto Original aprobado por la Subcomisión de Prevención de Discriminaciones y Protección a las Minorías fuera reconocido como la única versión legítima de la declaración que se presentaría en la Asamblea General de la ONU. La huelga de hambre/ ayuno espiritual llegó a su fin con el acuerdo y compromiso de los representantes de la Comisión de Derechos Humanos de la ONU (también llamada CDH) de que, si no se lograra un consenso al final de la sesión del Grupo de Trabajo del 2004, la única versión de la declaración que se presentaría al pleno de la Comisión sería el texto de la Subcomisión aprobado en 1994.

Este acuerdo fue violado y luego traicionado posteriormente.

Tras la adopción del texto final de la Declaración de la ONU sobre los Derechos de los Pueblos Indígenas (UNDRIP) en el 2007, el sistema de la ONU avanzó metódicamente para continuar con el proceso de recortes sistemáticos de los protocolos y procedimientos internacionales para el reconocimiento y respeto de los derechos humanos de los pueblos indígenas, como Pueblos, iguales a todos los demás pueblos.

En el 2008, el texto de la UNDRIP fue incorporado dentro del Grupo de Trabajo Facilitador (FWG) que pertenece a la Plataforma de Comunidades Locales y Pueblos Indígenas de la Convención Marco de la Naciones Unidas sobre el Cambio Climático. El sistema de la ONU inició un proceso extractivo estableciendo una burocracia indígena global con representantes de organizaciones de Pueblos Indígenas, uno de cada una de las siete regiones socioculturales identificadas por el sistema de Naciones Unidas.

El siguiente paso fue la convocatoria a una Reunión Plenaria de Alto Nivel de la Asamblea General de la ONU en el año 2014, donde sólo los estados miembros del sistema de la ONU pueden votar. Esta reunión especial de estados fue nombrada de manera engañosa como la Conferencia Mundial sobre los Pueblos Indígenas. Al adoptar el documento final de la Reunión Plenaria de Alto Nivel sobre Pueblos Indígenas, la ONU estableció un Plan de Acción para todo el Sistema en noviembre del 2015 que es administrado por el Secretario General Adjunto de Asuntos Económicos y Sociales. En cumplimiento con el texto final, tergiversado y adoptado de la Declaración de las Naciones Unidas sobre los derechos de los pueblos indígenas, el Plan de Acción para todo el Sistema intenta domesticar y reducir los derechos humanos colectivos inherentes de los Pueblos Indígenas tal como están expresados en la UNDRIP, para que luego sean definidos dentro los marcos constitucionales de cada estado en particular.

El proceso continuó el 16 de diciembre del 2020, cuando la Asamblea General de la ONU adoptó otra resolución sobre los Derechos de los Pueblos Indígenas, esta vez contextualizando el concepto dentro del marco del desarrollo de la Agenda 2030 para el Desarrollo Sostenible, y condicionado por el Pacto Mundial Para una Migración Segura, Ordenada y Regular del 2018.

Este libro de Charmaine White Face proporciona la historia interna de cómo se produjo esta trayectoria de incidentes de importancia internacional para los derechos de los Pueblos Indígenas. Asimismo, muestra cómo el Consejo del Tratado de la Nación Sioux 1894 y otras Naciones Originarias de Pueblos Indígenas, han continuado la lucha por el reconocimiento, el respeto y las garantías de protección a los derechos humanos inherentes de los Pueblos Indígenas, defendiendo la Integridad Territorial de la Madre Tierra, ahora y para las generaciones futuras.

Tupac Enrique Acosta
Huehuecoyotl

Agradecimientos a la traducción al español

Mientras escribía este libro, esperaba que algún día pudiera traducirse al menos a los seis idiomas utilizados en las Naciones Unidas: inglés, español, francés, chino, ruso y árabe. Durante los años en los que participé en los debates en la ONU, conocí a mucha gente buena de todo el mundo, la mayoría eran indígenas, y esperaba que algún día pudieran leer lo que escribí. Durante nuestros encuentros, por lo general con el apoyo de traductores, nuestros pensamientos y opiniones, frecuentemente, concordaban.

Hace unos años, cuando mi buena amiga Sharon Venne, Nehiyaw (Cree) del norte de Canadá, me preguntó si consideraría la idea de que el libro sea traducido al español, me sentí muy feliz. Si esto ocurriese, todos nuestros familiares del Sur tendrían conocimiento de lo que pasó con la Declaración. Vi que sólo cosas buenas resultarían de esta idea.

Mi más profundo agradecimiento a Sharon Venne y a Isabelle Schulte-Tenckhoff, quienes trabajaron con el Profesor Martínez en el Estudio sobre los Tratados de la ONU, por haber hecho posible la traducción. Esto es algo que nunca hubiéramos podido haber logrado desde el área geográfica donde vivo ya que nuestros recursos son muy limitados. Lo que ustedes, Sharon e Isabelle, han hecho ayudará a ampliar el entendimiento de muchas más personas. *Wopila tanka*, mi más profundo agradecimiento.

Urpi Saco Chung, una estudiante peruana de doctorado de la Profesora Schulte-Tenckhoff, realizó el arduo y exigente trabajo de traducción. No solo convirtió las palabras del inglés al español, también planteó preguntas interesantes. Ella quería mantener intactos mis propósitos y mi identidad indígena. Estoy profundamente agradecida por su comprensión instintiva. Muchas gracias Urpi.

El año pasado, el 2020, mi estado de salud fue delicado. No tuve Covid-19, pero tuve otros problemas de salud muy graves. Tupac Enrique Acosta, Náhuatl, a inicios del año me propuso un Encuentro Internacional de Oración, así que cuando me enfermé, le pedí a él y a muchas otras personas que oraran por mí. Unos meses después, estando ya con mis problemas de salud, Tupac me preguntó sobre la traducción del libro al español. Como yo estaba muy enferma y no sabía lo que pasaría, di autorización a Tupac y a Sharon Venne para dar seguimiento y para que se finalice el trabajo de traducción, e igualmente para que se encuentre un editor. Tupac ha sido un excelente hermano durante los momentos en los que me sentí más débil, animándome continuamente a recuperar mi salud. Asimismo, Tupac revisó la traducción palabra por palabra, ya que él habla español e inglés con fluidez. Es también gracias a su exigente trabajo que la traducción de este libro ha sido posible. No tengo palabras suficientes para expresar la gratitud que le tengo a Tupac. *Wopila tanka.*

Si usted está leyendo la versión en español de este libro, *Indigenous Nations Rights in the Balance* (Los Derechos de las Naciones Indígenas: un balance), es gracias a Isabelle Schulte-Tenckhoff, Sharon Venne, Urpi Saco Chung y Tupac Enrique Acosta. Sin vuestra iniciativa, diligencia y trabajo, este libro no sería posible. Muchas gracias.

Charmaine White Face

Prólogo

Es un gran privilegio escribir apoyando y honrando a Tony Black Feather y a su sucesora, Charmaine White Face, autora de este libro *Los derechos de las Naciones Indígenas: un balance*. Este libro mantiene la posición política del Consejo de los Tratados de la Nación Sioux con respecto al texto original del Proyecto de Declaración sobre los Derechos de los Pueblos Indígenas de 1994, adoptado por la antigua Subcomisión de Promoción y Protección de las Minorías, y lo compara con el texto de la Declaración sobre los Derechos de los Pueblos Indígenas adoptada por la Asamblea General de las Naciones Unidas en el 2007.

Esta comparación es bienvenida y necesaria para que la sociedad indígena y no indígena tenga presente la diferencia entre el texto de la Subcomisión de 1994 y el texto de la Asamblea General del 2007. Charmaine participó en el proceso, por lo que nos abre los ojos y el corazón frente a las diferencias sutiles y no tan sutiles de los cambios hechos en el texto. Ella nos muestra la solidez original de la Declaración de 1994.

Para comprender y valorar la posición del Consejo de los Tratados de la Nación Sioux, uno tiene que conocer su historia general y darse cuenta de que la Nación Sioux ha luchado para sobrevivir contra diversas formas de agresión a su existencia. Así, la Gran Nación Sioux ha demostrado fortaleza y perseverancia frente a los intentos militares, legislativos y políticos que buscan erradicar sus derechos, prefiriendo resistir a las tentaciones de ir por la vía fácil. En cambio, han ido ganando valientemente muchas batallas para proteger sus valores básicos, sagrados y fundamentales, y para proteger los derechos humanos indígenas que son fundamentales para la vida, la cultura y la forma de vida de sus pueblos. Se resistieron a la aniquilación al derrotar el asalto militar del general Custer y al vencer al gobierno de los Estados Unidos en la Corte Suprema defendiendo sus sagradas Black Hills y su territorio. Ellos continúan respetando los principios y la integridad de su Tratado internacional de Fort Laramie de 1868. En el mundo moderno de hoy, ellos muestran gran valentía frente a cualquier intento que busque menoscabar el respeto de los derechos humanos.

Por ésta y muchas otras razones, honramos a nuestros sabios de Alaska y de todos los lugares que lucharon codo a codo con el Consejo de los Tratados de la Nación Sioux en las trincheras de las Naciones Unidas para protegernos como naciones y pueblos –y por nada menos que eso. Nosotros siempre honraremos a quienes vinieron y se sacrificaron antes y durante el proceso, y a quienes ya no están con nosotros.

Nosotros compartimos algunos de los valores tradicionales que hacen que cada una de nuestras naciones y pueblos sean claramente especiales, y luchamos apasionadamente por mantener el vínculo sagrado con nuestros antepasados. No es fácil ceñirse a los principios fundamentales frente a poderes diplomáticos y políticos que intentan reducir a un nivel inferior nuestra dignidad y honor. En este sentido, nosotros continuamos defendiendo lo que el Creador nos ha desafiado a defender. Nuestra resistencia reconoce a los que se sacrificaron antes que nosotros; nosotros seguimos negándonos a aceptar cualquier reducción de los estándares de protección de nuestros derechos humanos, ya que eso equivaldría a ninguna protección en absoluto.

Es con este honor y perseverancia que continuamos luchando en nombre de aquellos que lucharon valientemente para proteger la integridad de nuestros derechos humanos indígenas, básicos, sagrados y fundamentales como naciones y pueblos que somos. En el mundo que vivimos hoy, debemos continuar escribiendo en contra de esta forma de agresión diplomática y política, aprender las artimañas de la diplomacia, dar pasos valientes sin vacilar cuando promovemos el derecho a la libre determinación y mantener el control necesario de la relación espiritual que tenemos con todos los espíritus de la naturaleza que definen quiénes somos como pueblos indígenas. Son estos valores los que nos dan valentía para enfrentar las fuerzas mayores, para proteger lo que nuestros ancestros nos transmitieron y para defender los límites establecidos por la relación cultural, lingüística y de parentesco que tenemos con todas las otras formas de vida en nuestros territorios, y para negar los límites establecidos por las fuerzas externas y por los colonizadores. Resistimos a quienes buscan redefinir o erradicar nuestra existencia natural, reconociendo al mismo tiempo la cohesión con nuestra Madre Tierra y el Creador que nos ha dado la vida.

Este libro proporcionará la valentía para desafiar a las fuerzas coloniales y apropiadoras que atraviesan y violan los derechos que nos ha otorgado nuestro Creador. Esto inspirará a los pueblos indígenas y no indígenas por igual. Si el hombre puede respetar la dignidad social, cultural y política en los demás, entonces juntos podemos cambiar nuestra existencia y armonizarnos con nuestro entorno material y espiritual. Si podemos respetar a otras naciones y pueblos, y a sus lugares sagrados, entonces podemos respetarnos y apreciarnos mutuamente como individuos, por lo tanto, podemos respetar a toda la humanidad.

Embajador Ronald Barnes, Presidente
Coalición de Pueblos Indígenas y Naciones — Alaska

El embajador Barnes es de Alaska y pertenece al
pueblo Yupiaq del suroeste de Alaska.

Agradecimientos

Mi gratitud va primero al Consejo de los Tratados de la Nación Sioux, que creyó en mí al tomar el cargo de portavoz después de la muerte de Tony Black Feather. En segundo lugar, agradezco la confianza que tuvo *Garfield Grass Rope* en mí, él confió en mi capacidad de debate frente a los diplomáticos de las Naciones Unidas y del mundo. Este libro es la extensión de esa confianza. Como siempre, mi gratitud no tiene límites hacia Tony Black Feather, por su mentoría y asesoramiento en los pocos años que estuvimos trabajando juntos para el Consejo de los Tratados. Finalmente, mi agradecimiento a Clifford White Eyes, Garvard Good Plume y a todos los amigos que hice en Ginebra por su apoyo durante los debates. Hubiera sido imposible hacer este trabajo sin vuestro apoyo.

Aunque comencé a escribir este libro en el 2006, y fui agregando los cambios que ocurrían poco a poco, no estaría aquí sin la confianza incondicional de Denise Breton y de *Living Justice Press*. Finalmente, wopila tanka a mi primo, el Dr. Edward Valandra, por sus meticulosas y exhaustivas preguntas, notas y comentarios que me hicieron pensar y recordar, y por consiguiente incorporar más contenido.

En nombre de todos los pueblos indígenas del mundo, gracias. Con profunda gratitud. *Wopila tanka.*

Introducción

En 1994, dos comités de las Naciones Unidas –el Grupo de Trabajo sobre Poblaciones Indígenas (WGIP) y la Subcomisión de Prevención de Discriminaciones y Protección a las Minorías– aprobaron una Declaración sobre los Derechos de los Pueblos Indígenas. Doce años después, el Consejo de Derechos Humanos de las Naciones Unidas aprobó la Declaración sobre los Derechos de los Pueblos Indígenas (en adelante, la Declaración) el 29 de junio del 2006, en el Palacio de las Naciones, en Ginebra, Suiza. Después de más de un año, a pesar de las protestas del Consejo de los Tratados de la Nación Sioux (SNTC) [1], la Asamblea General de las Naciones Unidas aprobó la Declaración el 13 de septiembre de 2007 en la ciudad de Nueva York, Nueva York, Estados Unidos de América. Este análisis comparativo muestra tres versiones diferentes y es presentada en respuesta a la versión final que aprobó la Asamblea General de la ONU.

A partir de 1984, el SNTC participó en la elaboración de la Declaración. En ese momento, el WGIP reconoció la necesidad de una Declaración que tratara específicamente sobre los derechos de los pueblos indígenas. El texto original de la Declaración fue el resultado de muchos años de deliberaciones dentro del WGIP y de la participación de muchos pueblos indígenas de todo el mundo. En 1994, tanto el WGIP como la Subcomisión de Prevención de Discriminaciones y Protección a las Minorías de las Naciones Unidas aprobaron la versión original.

Sin embargo, ese mismo año, el texto original que la Subcomisión acababa de aprobar fue reasignado al recientemente formado Grupo de trabajo sobre el Proyecto de la Declaración (WGDD) en lugar de ser presentado directamente a la Comisión de Derechos Humanos para su aprobación. El Grupo de trabajo abierto sobre el Proyecto de la Declaración fue establecido en 1995 de conformidad con la Resolución 1995/32 de la Comisión de Derechos Humanos y con la Resolución 1995/32 del Consejo Económico y Social. Las objeciones de los Estados Unidos y de otros estados de habla inglesa impulsaron la decisión de reasignar la Declaración original al WGDD. Esta reasignación de la Declaración prolongó las discusiones, que continuaron durante once años de innumerables reuniones llevadas a cabo en Ginebra. Lo que la mayoría de los pueblos indígenas de todo el mundo había acordado, y lo que la Subcomisión ya había aprobado, fue puesto sobre la mesa para volver a ser redactado.

Después, en septiembre de 2004, el presidente-relator, Luis Enrique Chávez, anunció al WGDD su intención de presentar su propio texto como presidente, para su aprobación en la Comisión de Derechos Humanos. El 29 de noviembre del 2004, un grupo de representantes indígenas organizó una acción preventiva para preservar el texto original que la mayoría de los pueblos indígenas de todo el mundo, así como la Subcomisión, ya habían aprobado. Seis representantes indígenas participaron en una huelga de hambre/ayuno espiritual durante dicha sesión de debates en Ginebra. Las seis personas fueron:

Adelard Blackman, Nación Buffalo River Dene, Canadá;
Andrea Carmen, Nación Yaqui, Arizona, Estados Unidos;
Alexis Tiouka, Kali'a, Guyana Francesa;
Charmaine White Face, Ogala Tetuwan, Territorio de la Nación Sioux, Norteamérica;
Danny Billie, Nación Seminole Tradicional Independiente de Florida, Estados Unidos; y,
Saúl Vicente, Zapoteca, México.

La sesión duró cinco días. Como una de los seis representantes indígenas que participó en la protesta, estaba al tanto de las negociaciones y de su resultado [2].

El Sr. Dzidek Kedzia, representante del Alto Comisionado para los Derechos Humanos, y el Embajador Gordan Markotic, vicepresidente de la Oficina de la Comisión de Derechos Humanos y otros delegados de la ONU finalmente llegaron a un acuerdo con los seis representantes indígenas para poner fin a la huelga de hambre/ayuno espiritual. Si no se llegase a un consenso sobre la Declaración al final de la reunión del

WGDD en diciembre del 2004, entonces la única versión de la Declaración que se presentaría a la Comisión completa sería el texto original de la Subcomisión. Ese fue el acuerdo [3].

Sin embargo, entre noviembre del 2004 y el 29 de junio del 2006, la ONU decidió sustituir la Comisión de Derechos Humanos de la ONU y establecer el Consejo de Derechos Humanos de la ONU. Yo no sé por qué la ONU sustituyó la Comisión de Derechos Humanos. Los pueblos y Naciones Indígenas no fueron informados de los motivos. Sólo se escucharon rumores. Uno de los rumores que circuló era que la firme oposición de los Estados Unidos frente a la Declaración generó también una fuerte oposición a la Comisión de Derechos Humanos por parte de los Estados Unidos, especialmente después de que su Subcomisión había aprobado previamente la Declaración en su forma original.

Si la declaración original de la Subcomisión hubiera sido aprobada por la Asamblea General, dos artículos en particular habrían sido problemáticos para los Estados Unidos.

Primero, el Artículo 36 de la Declaración original proporcionaba una herramienta para que las Naciones Indígenas soliciten la reparación por las violaciones de los tratados internacionales entre las Naciones Indígenas y los Estados Unidos. El Tratado de Fort Laramie de 1868 es uno de los tratados internacionales más sólidos firmados entre la Gran Nación Sioux y los Estados Unidos. Si se hiciera cumplir el Tratado, los Estados Unidos tendrían que detener la ocupación ilegal del territorio del Tratado y tendrían que trasladar a sus ciudadanos a otra parte del país. Los Estados Unidos también podrían verse obligados a reembolsar a la Gran Nación Sioux por la destrucción de nuestra economía y la destrucción del medio ambiente.

En segundo lugar, el artículo 3 de la Declaración original afirma el derecho a la libre determinación, y este se aplicaría a todas las Naciones Indígenas dentro de las fronteras de los Estados Unidos.

¿Cuántas otras Naciones Indígenas tienen tratados con los Estados Unidos? Además, los Estados Unidos prometieron al pueblo kurdo el derecho a su libre determinación si ellos ayudaban a los Estados Unidos durante la guerra en Irak. Uno de los diplomáticos de los Estados Unidos le contó a la autora sobre esta segunda preocupación de los Estados Unidos en una reunión en Ginebra. La aprobación del Artículo 3 en la Declaración original habría asegurado la independencia del pueblo kurdo de Irak.

La disolución de la Comisión y su reemplazo por el Consejo dio licencia a la ONU para ignorar el acuerdo y las condiciones que pusieron fin a la huelga de hambre. El presidente Chávez escribió la versión de la Declaración que el recién conformado Consejo de Derechos Humanos aprobó. El texto del presidente **no contó con la aprobación** de los pueblos indígenas ni de los estados que participaron en la redacción de la declaración original que comenzó en 1984, tampoco contó con la aprobación de los que continuaron participando en los debates del WGDD [4]. Presentando su versión al Consejo de Derechos Humanos no sólo violó los términos del acuerdo para poner fin a la huelga de hambre, sino que también desmereció totalmente el proceso de negociación y aprobación de la ONU.

Este análisis comparativo presenta la posición del Consejo de los Tratados de la Nación Sioux sobre el texto original de la Subcomisión y sobre los cambios que se hicieron a este documento antes de que la Asamblea General de las Naciones Unidas aprobara la Declaración final en el 2007. Contrariamente a las declaraciones de muy pocas organizaciones indígenas hechas en apoyo a la declaración recientemente revisada, nunca se llegó a un consenso sobre la mayoría de los párrafos del preámbulo, ni sobre los artículos o sobre el documento en su conjunto. Ninguna de las partes –incluidas el WGDD, los estados y los representantes de las Naciones Indígenas– estuvo de acuerdo con la decisión del presidente-relator de presentar su propio texto como un texto final de consenso. La disolución de la Comisión rompió el proceso de construcción de consenso.

Tampoco se llegó a un acuerdo sobre los procedimientos establecidos para las reuniones de los grupos de trabajo en las Naciones Unidas. Los grupos de trabajo suelen realizar sus reuniones durante no más de cinco años. Si este hubiera sido el caso del WGDD, la Declaración original habría sido enviada a la Comisión de Derechos Humanos en 1999. En cambio, los debates continuaron durante seis años más y nunca llegaron a un consenso.

Este análisis de los cambios realizados en la Declaración de nuestros derechos como Naciones Indígenas –sin nuestro consentimiento– muestra los límites y los peligros inherentes de la versión de la Declaración que la Asamblea General aprobó. También muestra cómo los cambios no aprobados en la Declaración afectarán a las personas de la Gran Nación Sioux que viven bajo los actuales procesos colonizadores de los Estados Unidos.

Este análisis comparativo está hecho para prevenir a mi propia gente, a otras Naciones Indígenas y a otros estados que aún tratan de mantener su integridad. Aquellos que estén preocupados por la justicia y la pervivencia de las Naciones Indígenas como Naciones Indígenas, verán y comprenderán cómo la redacción de la Declaración aprobada beneficia más a los colonizadores que a las naciones para la que fue diseñada: las Naciones Indígenas. Estas preocupaciones se vuelven aún más vitales y apremiantes en la medida que más Estados siguen los pasos del flautista (de Hamelin), de los Estados Unidos.

El Consejo de los Tratados de la Nación Sioux y mi rol como portavoz

El pueblo Oceti Sakowin Oyate (la Gran Nación Sioux) ha conocido el empeño de colonización de los Estados Unidos de América. Hemos sufrido los efectos de la colonización durante los últimos 150 años, los mismos que continúan hasta el día de hoy. Nuestra experiencia de colonización por parte de los Estados Unidos es más reciente en comparación con las otras Naciones Indígenas ubicadas en las costas este y oeste, en el suroeste, Alaska y Hawái. Nuestros abuelos aún recuerdan las historias de los conflictos militares con los Estados Unidos.

El Consejo de los Tratados de la Nación Sioux fue establecido en 1894 por el Jefe llamado He Dog. Después de haber sido enviado a un internado para aprender el idioma inglés y las formas americanas de hacer las cosas, se dio cuenta de que, si el pueblo no conocía el Tratado de 1868, todos los esfuerzos se perderían. Sin embargo, era muy peligroso hablar sobre el Tratado. Los relatos de la historia oral cuentan que nuestra gente fue llevada lejos y que nunca regresó, que fue encarcelada o asesinada o llevada a Canton, a Dakota del Sur, donde se sometieron a lobotomías sin anestesia. De modo que, el conocimiento de los tratados, la cultura y el idioma fueron transmitidos discretamente de los abuelos a los nietos. Así fue en mi caso.

Yo he participado en las discusiones sobre la Declaración desde el 2002, y he presentado este análisis comparativo en mi calidad de portavoz del Consejo de los Tratados de la Nación Sioux. El portavoz en las discusiones desde 1984 hasta el 2002 fue Antoine "Tony" Black Feather, quien participó en el proceso desde sus inicios en 1984. Él y otro representante, Garfield Grass Rope, participaron activamente en la elaboración de la Declaración. Durante casi diez años, hicieron sus intervenciones, dieron sus opiniones y debatieron el significado de las palabras hasta la aprobación del texto original por la Subcomisión.

Cuando empecé a participar en las discusiones en el 2002, Garfield Grass Rope ya había fallecido. Las advertencias e instrucciones que me dio el Sr. Black Feather fueron que no se debían hacer cambios en el texto original de la Subcomisión. Él me explicó que a todos los pueblos y Naciones Indígenas de todo el mundo les había llevado muchos años aceptar la redacción del texto original de la Subcomisión. El Sr. Black Feather murió en el 2004. Yo fui seleccionada para ocupar el puesto de portavoz, de por vida, en 1994 en una reunión del Consejo de los Tratados de la Nación Sioux, una reunión a la que no asistí. Mi mandato comenzó con la muerte del Sr. Black Feather en agosto del 2004. Fui informada de esta decisión durante su velorio. (Ver apéndice H.)

En 1994, cuando los Estados Unidos querían que la Declaración pasara a estar a cargo de otro grupo de trabajo de las Naciones Unidas, unos diplomáticos estadounidenses estaban hablando en el baño y no se habían dado cuenta que Garfield Grass Rope estaba también allí. Él los escuchó hablando mal de él y de Tony Black Feather, ellos decían que Garfield Grass Rope y Tony Black Feather no tenían educación y que no podrían debatir con los estadounidenses en debates adicionales.

Después de que los estadounidenses salieron del baño, Garfield le contó lo que había escuchado a Tony. Garfield también dijo que conocía a una persona instruida que podría debatir con los estadounidenses y que era consciente de lo que significaba ser Tetuwan y miembro de nuestra nación. A su regreso a casa, convocaron a una reunión del Consejo de los Tratados de la Nación Sioux y Garfield contó su historia. La asamblea conocía a la persona de la cual se estaba hablando. Durante años, he estado escribiendo editoriales en periódicos sobre nuestra posición como miembros de una nación separada.

La Gran Nación Sioux era un matriarcado, contrariamente a las historias promovidas por las personas blancas que no entendían nuestros modos de vida. En 1868, nuestras mujeres no estuvieron presentes en las negociaciones, porque en nuestra cultura, los hombres hablan con los hombres. Al observar esto, los blancos asumieron que nuestras mujeres Sioux no eran tomadas en cuenta, al igual que los blancos no toman en cuenta a sus propias mujeres. Los soldados y negociadores estadounidenses no se dieron cuenta de que nuestros hombres sioux regresarían a casa para hablar con las mujeres antes de tomar cualquier decisión. No supieron que fueron las abuelas quienes tomaron las decisiones.

¿Quién es el primer maestro de una persona? ¿Quién te abraza y te alimenta cuando eres un bebé y un niño pequeño? ¿Quién daría su vida por ti? Generalmente, tu madre y tu abuela. Ningún niño es huérfano, porque la hermana o las hermanas de tu madre también pueden ser tu madre. Una tía o una hermana mayor u otra pariente también pueden ser tu madre. Si no hubiera nadie, una madre "hunka" (adoptiva) siempre estará allí. Siempre, desde el momento del nacimiento hasta que una persona alcanza la pubertad, la maestra principal, la cuidadora y la protectora es la figura materna femenina. ¿Y a quién acuden la mayoría de las personas para recibir consejos y orientación cuando son adultos? A la figura materna. Entonces, ¿quiénes estarán más preocupadas por la supervivencia de todas las personas? Las mujeres. En muchas culturas indígenas, las mujeres son las lideresas. En nuestra cultura, eran las abuelas.

Para esta asamblea comunitaria, para las personas que tradicionalmente asistían a la reunión del Consejo de los Tratados de la Nación Sioux, no era para nada inconcebible considerar la posibilidad de tener una mujer como portavoz. La decisión no se basó en la popularidad, o los votos, o el género, sino en la capacidad. Esta ha sido siempre nuestra manera cultural de elegir líderes. Las capacidades de las personas y sus trayectorias individuales son factores decisivos. Una vez elegida, la persona continúa en la posición durante el resto de su vida.

Tony y Garfield ya habían sentado las bases. Habían agotado todos los recursos internos con los Estados Unidos a principios de los años ochenta. (Los recursos internos son todas las posibles soluciones dentro de un sistema). Ahora, era hora de que alguien, que había sido educado en el sistema estadounidense, debatiera, escribiera y hablara en igualdad de condiciones con los otros diplomáticos de las Naciones Unidas. En la reunión de 1994, el Consejo de los Tratados de la Nación Sioux me nombró para seguir los pasos de Tony y para preservar la continuidad del trabajo. Cuando Tony y yo finalmente nos conocimos en 1999, él me tomó bajo su protección y fue mi mentor, me orientó en todos los aspectos del trabajo internacional durante cinco años, hasta su fallecimiento en 2004.

El análisis comparativo

Algunas de las observaciones en este análisis comparativo se escribieron en septiembre del 2006, después de que el Consejo de Derechos Humanos de la ONU aprobó la versión de la Declaración del presidente Chávez. Cuando la Unión Africana recomendó cambios en el 2006, se produjeron más variaciones. Nueve cambios adicionales fueron presentados y aprobados por la Asamblea General en el 2007. Este Análisis incluye comentarios sobre todos los cambios que se hicieron al texto original de la Subcomisión – una vez más, la primera y única versión que tuvo la aprobación de todos pueblos indígenas durante el transcurso de más de dos décadas.

En el siguiente análisis comparativo, este texto original, a veces llamado "el texto de la Subcomisión", es reproducido bajo el primer título y se identifica como el *texto original de la subcomisión*.

El texto debajo del segundo título es la versión que el Consejo de Derechos Humanos de la ONU aprobó en su primera reunión el 29 de junio de 2006. Esta versión se identifica como la versión del *Consejo de Derechos Humanos* (CDH). Esta versión del CDH no fue aprobada por todos los pueblos y Naciones Indígenas, y es la versión escrita por el presidente del WGDD, el sr. Chávez.

El texto debajo del tercer título es la versión de la Declaración que la Asamblea General de la ONU aprobó el 13 de septiembre de 2007. Este documento se ha denominado como la versión de la *Asamblea General* (AG). Esta versión tampoco fue aprobada ni discutida por pueblos y Naciones Indígenas.

Debajo de las tres versiones de la Declaración están mis comentarios y el análisis sobre lo que representan cada una de las versiones: cómo el cambiar una palabra cambia todo el significado o cómo eliminar o agregar palabras también cambia el significado. La elección de palabras es muy importante, ya que el propósito de todo este proceso y el documento que surgió de este proceso, era el de establecer los derechos humanos de las naciones y pueblos indígenas. Es evidente que las naciones y pueblos indígenas no son considerados dignos de respeto en la Declaración Universal de Derechos Humanos, ya que, de haber sido así, no habría la necesidad de esta declaración.

Notas sobre lenguaje y estilo

Los párrafos del preámbulo (PP) proporcionan la introducción, el prefacio de lo que está por venir. Los párrafos del preámbulo dan la razón de ser, la motivación del porqué son presentados los siguientes artículos que definen acciones.

Los párrafos del preámbulo de este documento están escritos en el estilo que es usado en las Naciones Unidas. En este análisis comparativo, los párrafos del preámbulo se identifican como PP1, PP2, etc., sin embargo, en la declaración final, no tienen números.

Los artículos incluyen sus números, como el artículo 1 y el artículo 2..., sin embargo, a medida que se hicieron cambios en la versión del Consejo de Derechos Humanos (CDH), y más tarde en la versión de la Asamblea General (AG), los números de los artículos cambiaron. Por ejemplo, el artículo 5 en el texto original de la Subcomisión y el Artículo 5 en la versión CDH permanecieron igual. Sin embargo, en la versión de la Asamblea General, debido a la adición de un artículo, el mismo artículo se convirtió en el artículo 6.

El uso de la palabra *bis* significa en adición al artículo o "además". Esta palabra se usó para indicar las adiciones hechas a un artículo, sin dejar de referirse al artículo. Por ejemplo, en lugar de referirse a un texto modificado como artículo 1.a., los que hicieron las adiciones usaron la palabra *bis*; es decir, "artículo 1bis".

Dentro de los tres títulos que muestran las tres versiones, el texto que se ha cambiado (eliminado, movido, reformulado o agregado) del texto original está subrayado. Esta es una práctica común en derecho para comparar documentos legales.

En el análisis comparativo que está debajo de los tres títulos, el texto en discusión está en cursiva cuando se refiere a palabras o texto. Cuando se enfatiza el significado, las palabras están entre comillas.

Punto de interés: Preámbulo vs. Artículos — Intención vs. Poder para actuar

La Declaración Universal de Derechos Humanos aprobada por las Naciones Unidas el 10 de diciembre de 1948 incluye sólo siete (7) párrafos en su preámbulo y treinta (30) artículos. En cambio, la Declaración sobre los Derechos de los Pueblos Indígenas incluye veinticuatro (24) párrafos en el preámbulo y cuarenta y cinco (45) artículos. Esta diferencia en el número de párrafos del preámbulo y artículos es significativa. Nuevamente, en los documentos legales occidentales de esta naturaleza, los preámbulos describen la intención o el propósito; los artículos definen los poderes otorgados para actuar.

Adopción por la Asamblea General de las Naciones Unidas

El 13 de septiembre del 2007, en la ciudad de Nueva York, la Asamblea General de las Naciones Unidas aprobó la siguiente resolución para adoptar oficialmente la Declaración sobre los Derechos de los Pueblos Indígenas.

Resolución aprobada por la Asamblea General

61/295. Declaración de las Naciones Unidas sobre los derechos de los pueblos indígenas

La Asamblea General,

Tomando nota de la recomendación que figura en la resolución 1/2 del Consejo de Derechos Humanos, de 29 de junio del 2006[*1], en la que el Consejo aprobó el texto de la Declaración de las Naciones Unidas sobre los derechos de los pueblos indígenas,

Recordando su resolución 61/178, de 20 de diciembre del 2006, en la que se decidió aplazar el examen y la adopción de medidas sobre la Declaración a fin de disponer de más tiempo para seguir celebrando consultas al respecto, y decidió también concluir su examen de la Declaración antes de que terminase el sexagésimo primer período de sesiones,

Aprueba la Declaración de las Naciones Unidas sobre los derechos de los pueblos indígenas que figura en el anexo de la presente resolución.

107ª sesión plenaria
13 de septiembre de 2007.

---

1 *Véanse los documentos oficiales de la Asamblea General, sexagésimo primer período de sesiones, Suplemento núm. 53 (A/61/53), primera parte, cap. II, sec. A.

Un análisis de la Declaración de las Naciones Unidas sobre los Derechos de los Pueblos Indígenas

El Formato

DEBAJO DEL PRIMER TÍTULO SUBRAYADO encontrará el *texto original de la Subcomisión*, el que fue aprobado por los pueblos indígenas y aprobado por el Grupo de trabajo sobre Poblaciones Indígenas y por la Subcomisión de las Naciones Unidas sobre la prevención de discriminaciones y la protección de minorías (1994).

Debajo del segundo título subrayado encontrará *la versión del Consejo de Derechos Humanos*, la que fue escrita por Luis Enrique Chávez, el presidente del Grupo de trabajo encargado de la elaboración del proyecto de la declaración y aprobada por el Consejo de Derechos Humanos de las Naciones Unidas (2006).

Debajo del tercer título subrayado encontrará *la versión de la Asamblea General*, que fue aprobada por la Asamblea General de las Naciones Unidas (2007) después de que fueran incluidos algunos cambios sugeridos por la Unión Africana –cambios que nunca fueron presentados a los pueblos indígenas.

Estas tres diferentes versiones estarán seguidas por un análisis.

Texto original de la Sub-comisión 1994

Aprobada por los Pueblos Indígenas

Versión del Consejo de Derechos Humanos (CDH) 2004

No aprobada por los Pueblos Indígenas

Versión de la Asamblea General 2007

No aprobada por los Pueblos Indígenas

Es interesante mencionar que la versión aprobada por la Asamblea General (AG) incluye treinta directivas o mandatos a los estados en su Declaración sobre los derechos humanos para los pueblos y Naciones Indígenas. Contrariamente, **NO** existen directivas o mandatos a los estados en la Declaración Universal de los Derechos Humanos. El razonamiento detrás de estas directivas parece venir de los diplomáticos de las Naciones Unidas, quienes se habrían dado cuenta que, sin directivas a los estados, los derechos de los pueblos indígenas serían violados. Esta es una observación lamentable sobre las acciones de algunos de los estados.

No obstante, pese a que la declaración dicta directivas (básicamente leyes) a los estados, no articula medidas para la aplicación o el cumplimiento de las mismas. La Declaración cuenta con cuarenta y dos derechos para los pueblos y Naciones Indígenas, pero ¿quién asegurará que los derechos de los pueblos indígenas sean respetados? En efecto, si un estado viola los derechos de los pueblos indígenas, nada de lo que está escrito en la declaración obliga o coacciona al estado a rectificarlo. Los derechos de los pueblos indígenas en esta Declaración deben ser administrados nacionalmente, lo que significa que los estados pueden, a su discreción, respetar o no los derechos.

Lo que es aún más lamentable es pensar que la Declaración Universal de los Derechos Humanos no es vista como aplicable a los pueblos indígenas. Si este fuese el caso, no sería necesaria otra declaración de derechos humanos como esta.

Párrafos del Preámbulo

Sin Párrafo

Sin Párrafo

PP1

Guiada por los propósitos y principios de la Carta de las Naciones Unidas y la buena fe en el cumplimiento de las obligaciones contraídas por los Estados de conformidad con la Carta,

Este párrafo es completamente nuevo y el Grupo de Trabajo sobre el proyecto de la declaración (WGDD) no tuvo acceso al mismo. Solamente conocían este párrafo los pocos que estuvieron presentes en la ciudad de Nueva York antes de que la Asamblea General adopte la Declaración, los pueblos indígenas no tuvieron la oportunidad de evaluar este párrafo.

Como párrafo inicial de una declaración de derechos humanos, el primer párrafo debería decir que los pueblos indígenas son seres humanos con los mismos derechos que tienen todos los seres humanos no indígenas, El texto original decía que los derechos de los pueblos y Naciones Indígenas están sobre y por encima de los estados. El texto establecía un standard de derechos indígenas que los estados debían respetar.

Este párrafo, por el contrario, no es sobre los derechos de los pueblos indígenas sino sobre "las obligaciones asumidas por los estados". Iniciar una declaración de derechos indígenas refiriéndose a las "obligaciones asumidas por los estados" establece un contexto que pone a los pueblos y Naciones Indígenas – una vez más– bajo la responsabilidad de los estados. Nos hace, a nosotros y a nuestros derechos humanos, dependientes de los estados.

Colocando a las naciones y a los pueblos indígenas bajo la responsabilidad de los estados, la versión de la Asamblea General cambia completamente la intención y el propósito de la declaración. El párrafo añadido es condescendiente. Se inclina hacia la supremacía de los estados en lugar de declarar que los pueblos indígenas tienen los mismos derechos inalienables al igual que todas las personas, sean indígenas o no indígenas.

Texto original de la Sub-comisión 1994

PP1

Afirmando que los pueblos indígenas son iguales a todos los demás pueblos <u>en cuanto a dignidad y derechos</u> y reconociendo al mismo tiempo el derecho de todos los pueblos a ser diferentes, a considerarse a sí mismos diferentes y a ser respetados como tales,

Versión del Consejo de Derechos Humanos (CDH) 2006

PP1

Afirmando que los pueblos indígenas son iguales a todos los demás pueblos y reconociendo al mismo tiempo el derecho de todos los pueblos a ser diferentes, a considerarse a sí mismos diferentes y a ser respetados como tales,

Versión de la Asamblea General 2007

PP2

Afirmando que los pueblos indígenas son iguales a todos los demás pueblos y reconociendo al mismo tiempo el derecho de todos los pueblos a ser diferentes, a considerarse a sí mismos diferentes y a ser respetados como tales,

El párrafo en el texto original de la Subcomisión fue cambiado en la versión del Consejo de Derechos Humanos, la misma que se convirtió en la versión de la Asamblea General. Las palabras en dignidad y derechos fueron suprimidas. La dignidad y derechos de los pueblos indígenas son el propósito de esta declaración. No había ninguna razón para suprimir estas palabras y ninguna fue dada. (Nota: los números de los PP han sido cambiados).

Texto original de la Sub-comisión 1994

PP2

Afirmando también que todos los pueblos contribuyen a la diversidad y riqueza de las civilizaciones y culturas, que constituyen el patrimonio común de la humanidad,

PP3

Afirmando asimismo que todas las doctrinas, políticas y prácticas basadas en la superioridad de determinados pueblos o personas o que la propugnan aduciendo razones de origen nacional o diferencias raciales, religiosas, étnicas o culturales son racistas, científicamente falsas, jurídicamente inválidas, moralmente condenables y socialmente injustas,

PP4

Reafirmando también que, en el ejercicio de sus derechos, los pueblos indígenas deben estar libres de toda forma de discriminación,

Versión del Consejo de Derechos Humanos (CDH) 2006

PP2

[Igual al texto original]

PP3

[Igual al texto original]

PP4

[Igual al texto original]

Versión de la Asamblea General 2007

PP3

[Igual al texto original]

PP4

[Igual al texto original]

PP5

[Igual al texto original]

No hubo cambios en estos textos, sólo en los números de los párrafos del preámbulo.

Texto original de la Sub-comisión 1994

PP5

Preocupada por el hecho de que los pueblos indígenas se hayan visto privados de sus derechos humanos y libertades fundamentales, lo cual ha dado lugar, entre otras cosas, a la colonización y enajenación de sus tierras, territorios y recursos, impidiéndoles ejercer, en particular, su derecho al desarrollo de conformidad con sus propias necesidades e intereses,

Versión del Consejo de Derechos Humanos (CDH) 2006

PP5

Preocupado por el hecho de que los pueblos indígenas <u>han sufrido injusticias históricas como resultado, entre otras cosas</u>, de la colonización y enajenación de sus tierras, territorios y recursos, lo que les ha impedido ejercer, en particular, su derecho al desarrollo de conformidad con sus propias necesidades e intereses,

PP6

Preocupada por el hecho de que los pueblos indígenas <u>han sufrido injusticias históricas como resultado, entre otras cosas</u>, de la colonización y de haber sido desposeídos de sus tierras, territorios y recursos, lo que les ha impedido ejercer, en particular, su derecho al desarrollo de conformidad con sus propias necesidades e intereses,

El párrafo fue cambiado en la versión del Consejo de Derechos Humanos y los cambios fueron mantenidos en la versión de la Asamblea General. En el texto original, las palabras *se hayan visto privados de sus derechos humanos y libertades fundamentales, teniendo como resultado, entre otras cosas,* han sido cambiadas a *han sufrido injusticias históricas como resultado, entre otras cosas.*

Este cambio en la formulación altera totalmente el significado del párrafo. *Se hayan* indica el tiempo gramatical del pretérito perfecto. La forma del verbo indica continuidad y acción continuas. Por el contrario, *han sufrido injusticias históricas* sitúa la violación de los derechos de los pueblos indígenas exclusivamente en el pasado.

Muchos pueblos indígenas, especialmente en los Estados Unidos, están siendo aún despojados de sus derechos humanos y libertades fundamentales. Las violaciones continúan actualmente y resultan en nuestra colonización, en seguir siendo desposeídos de nuestras tierras y en otras consecuencias. Poner todo el PP en tiempo pasado –*han sufrido injusticias históricas*– niega las realidades que aún enfrentan los pueblos indígenas. Si las injusticias ocurrieron sólo en el pasado, hoy no habría necesidad de una Declaración sobre los Derechos de los Pueblos y Naciones Indígenas.

Texto original de la Sub-comisión 1994

PP6

Reconociendo la urgente necesidad de respetar y promover los derechos <u>y las características intrínsecos</u> de los pueblos indígenas, <u>especialmente los derechos a sus tierras, territorios y recursos</u>, que derivan de sus estructuras políticas, económicas y sociales y de sus culturas, de sus tradiciones espirituales, de su historia y de su concepción de la vida,

Versión del Consejo de Derechos Humanos (CDH) 2006

PP6

Consciente de la urgente necesidad de respetar y promover los derechos intrínsecos de los pueblos indígenas, que derivan de sus estructuras políticas, económicas y sociales y de sus culturas, de sus tradiciones espirituales, de su historia y de su filosofía, <u>especialmente los derechos a sus tierras, territorios y recursos;</u>

<u>Consciente también de la urgente necesidad de respetar y promover los derechos de los pueblos indígenas afirmados en tratados, acuerdos y otros arreglos constructivos con los Estados.</u>

Versión de la Asamblea General 2007

PP7 & 8

Reconociendo la urgente necesidad de respetar y promover los derechos intrínsecos de los pueblos indígenas, que derivan de sus estructuras políticas, económicas y sociales y de sus culturas, de sus tradiciones espirituales, de su historia y de su filosofía, <u>especialmente los derechos a sus tierras, territorios y recursos,</u>

<u>Reconociendo también la urgente necesidad de respetar y promover los derechos de los pueblos indígenas afirmados en tratados, acuerdos y otros arreglos constructivos con los Estados.</u>

El párrafo original fue cambiado. La frase *especialmente sus derechos a sus tierras, territorios y recursos* fue movida y puesta al final del párrafo. Además, las palabras *y las características* fueron eliminadas. Este párrafo se refiere específicamente a la tierra, territorios, y recursos, por lo que la palabra *características* tiene que ser incluida en el texto. La razón es que las características de los lugares sagrados y sitios funerarios indígenas no están protegidas actualmente bajo la ley Federal de los Estados Unidos, además tampoco son respetadas, desde una perspectiva indígena, las "características" específicas en relación con los recursos. Los lugares sagrados y sitios funerarios son destruidos por la minería de carbón a tajo abierto, y los lugares sagrados son despojados de vegetación, agua, o de glaciares para imponer otras formas de "desarrollo".

Se incorporó un nuevo párrafo, que dice: *Reconociendo también la urgente necesidad de respetar y promover los derechos de los pueblos indígenas afirmados en tratados, acuerdos y otros arreglos constructivos con los Estados.* Es un buen párrafo porque reconoce la "necesidad urgente". Sin embargo, algunas palabras deberían incluirse sobre el cómo esto se puede hacer cumplir, por ejemplo, "a través de instrumentos o procedimientos internacionales". El texto no proporciona un proceso que implique "respetar y promover los derechos".

El artículo 36 del texto original aborda el tema de los tratados y sugiere formas de reparación y cumplimiento. En el texto original este artículo, de hecho, sugiere medios a los pueblos indígenas en busca de litigios en organismos internacionales si los estados no respetan los tratados y acuerdos que han sido celebrados con las Naciones Indígenas. Esta disposición para abordar las violaciones de los tratados a través de un proceso ha sido completamente eliminada de las versiones del Consejo de Derechos Humanos y de la Asamblea General. Como párrafo del preámbulo, el texto ha perdido el peso en relación con su aplicación, pues los artículos establecían y asignaban poderes.

Texto original de la Sub-comisión 1994

PP 7

Celebrando que los pueblos indígenas se estén organizando para promover su desarrollo político, económico, social y cultural y para poner fin a todas las formas de discriminación y opresión dondequiera ocurran,

PP 8

Convencida de que el control por los pueblos indígenas de los acontecimientos que les afecten a ellos y a sus tierras, territorios y recursos les permitirá mantener y reforzar sus instituciones, culturas y tradiciones y promover su desarrollo de acuerdo con sus aspiraciones y necesidades,

Versión del Consejo de Derechos Humanos (CDH) 2006

PP7

[Igual al texto original]

PP8

[Igual al texto original]

Versión de la Asamblea General 2007

PP 9

[Igual al texto original]

PP 10

[Igual al texto original] No hubo cambios en estos textos, sólo en la numeración de los párrafos.

Texto original de la Sub-comisión 1994

PP 9

Reconociendo <u>también</u> que el respeto de los conocimientos, las culturas y las prácticas tradicionales indígenas contribuye al desarrollo sostenible y equitativo y a la ordenación adecuada del medio ambiente,

Versión del Consejo de Derechos Humanos (CDH) 2006

PP9

Considerando que el respeto de los conocimientos, las culturas y las prácticas tradicionales indígenas contribuye al desarrollo sostenible y equitativo y a la ordenación adecuada del medio ambiente,

Versión de la Asamblea General 2007

PP11

Reconociendo que el respeto de los conocimientos, las culturas y las prácticas tradicionales indígenas contribuye al desarrollo sostenible y equitativo y a la ordenación adecuada del medio ambiente, La palabra *también* fue eliminada en la versión de la Asamblea General, sin embargo, esto no cambia el propósito del párrafo. El número de párrafo ha cambiado.

Texto original de la Sub-comisión 1994

PP 10

Destacando <u>la necesidad de</u> desmilitarizar las tierras y territorios de los pueblos indígenas, <u>lo cual contribuirá</u> a la paz, el progreso y el desarrollo económico y social, la comprensión y las relaciones de amistad entre las naciones y los pueblos del mundo,

Versión del Consejo de Derechos Humanos (CDH) 2006

PP 10

Destacando <u>la contribución de la</u> desmilitarización de las tierras y territorios de los pueblos indígenas a la paz, el progreso y el desarrollo económicos y sociales, la comprensión y las relaciones de amistad entre las naciones y los pueblos del mundo,

Versión de la Asamblea General 2007

PP 12

Destacando <u>la contribución de la</u> desmilitarización de las tierras y territorios de los pueblos indígenas a la paz, el progreso y el desarrollo económicos y sociales, la comprensión y las relaciones de amistad entre las naciones y los pueblos del mundo,

El párrafo original ha sido cambiado. Las palabras *necesidad* de han sido cambiadas por la *contribución de*. Nuevamente esta reformulación cambia el sentido completo del párrafo. Las palabras lo que *contribuirá* también fueron eliminadas. Hay una clara "necesidad de" la desmilitarización de la tierras y territorios de los pueblos y Naciones Indígenas. Un claro ejemplo es la desmilitarización de la Reserva India Pine Ridge o el Campamento de prisioneros de guerra número 344, territorio sobre el cual vive la población Oglala Tetuwan. Todas las reservas indias americanas cuentan con números, los mismos que les fueron asignados en los años 1800 y que indicaban el número del campamento de prisioneros de guerra. Según la autora, esta política nunca fue derogada.

Para que la tierra sea desmilitarizada, las bombas y otras municiones lanzadas durante y después de la Segunda Guerra Mundial tienen que ser retiradas, y las tierras que fueron tomadas tienen que ser devueltas. Esto "contribuiría" a la paz o al menos a una relación más amigable entre la Gran Nación Sioux y los Estados Unidos de Norteamérica – relaciones que han sido tensas por más de un siglo.

Una vez más, el cambio de las palabras *necesidad de* por *contribución de* deja la acción en el contexto histórico y no trata el presente y los futuros problemas.

Texto original de la Sub-comisión 1994

PP 11

Reconociendo en particular el derecho de las familias y comunidades indígenas a seguir compartiendo la responsabilidad por la crianza, la formación, la educación y el bienestar de sus hijos,

Versión del Consejo de Derechos Humanos (CDH) 2006

PP 11

Reconociendo en particular el derecho de las familias y comunidades indígenas a seguir compartiendo la responsabilidad por la crianza, la formación, la educación y el bienestar de sus hijos, <u>en observancia de los derechos del niño,</u>

Versión de la Asamblea General 2007

PP 13

Reconociendo en particular el derecho de las familias y comunidades indígenas a seguir compartiendo la responsabilidad por la crianza, la formación, la educación y el bienestar de sus hijos, <u>en consonancia con los derechos del niño,</u>

Las palabras añadidas al texto original cambian la intención del párrafo. La adición de la frase *en consonancia con los derechos del niño* es insultante, paternalista, degradante y prejuiciosa. El texto se alinea con el pensamiento occidental, o con las formas de hacer de los colonizadores, lo que hace suponer que los pueblos indígenas abusan de sus niños, cuando han sido los colonizadores lo que han abusado de los niños indígenas.

Los pueblos indígenas no han aceptado la Declaración de los Derechos del Niño porque está basada en el individuo y no en la nación. Los "mejores intereses del niño" es un standard desarrollado por los colonizadores para apoderarse de nuestros niños y alejarlos de nuestras familias, y esto se realiza aún hoy en día en muchos casos.

Para la Gran Nación Sioux, el abuso de los niños fue y es una forma de asimilación forzada. Antes del contacto con los colonizadores no existía abuso a los niños de ningún tipo. Si los derechos de las naciones y pueblos indígenas deben ser respetados, ellos tienen que ser respetados de acuerdo con la cultura y a las costumbres de las naciones y pueblos indígenas.

Texto original de la Subcomisión 1994

PP 12

Reconociendo también que los pueblos indígenas tienen el derecho de determinar libremente sus relaciones con los Estados en un espíritu de coexistencia, beneficio mutuo y pleno respeto,

Versión del Consejo de Derechos Humanos (CDH) 2006

PP 12

Reconociendo que los pueblos indígenas tienen el derecho de determinar libremente sus relaciones con los Estados en un espíritu de coexistencia, beneficio mutuo y pleno respeto,

Versión de la Asamblea General (AG) 2007

No PP

[La versión de la Asamblea General eliminó este párrafo.]

La redacción es la misma en ambos textos, en el texto original y en la versión del CDH. La eliminación de este derecho general en la versión final de la AG señala la falta de reconocimiento de la soberanía de las Naciones Indígenas. Esta acción, que muestra cómo la colonización ha intentado ignorar nuestra soberanía, ha conllevado directamente a la necesidad de crear una Declaración especial sobre los Derechos de los Pueblos y Naciones Indígenas.

Sin la aprobación o consenso de los pueblos y Naciones Indígenas, la Asamblea General **ha eliminado una de las razones más importantes de la necesidad de la Declaración: el derecho de los pueblos indígenas de coexistir con otros**. Es una burla que este párrafo del preámbulo haya sido completamente eliminado del texto.

Texto original de la Sub-comisión 1994

PP 13

Considerando que los tratados, acuerdos y <u>demás</u> arreglos entre los Estados y los pueblos indígenas son <u>propiamente</u> asuntos de interés y responsabilidad internacionales,

Versión del Consejo de Derechos Humanos (CDH) 2006

PP 13

Considerando que <u>los derechos afirmados en</u> los tratados, acuerdos y arreglos <u>constructivos</u> entre los Estados y los pueblos indígenas son, <u>en algunas situaciones</u>, asuntos de preocupación, <u>interés</u> y responsabilidad internacional, y tienen <u>carácter</u> internacional,

<u>*Considerando también* que los tratados, acuerdos y demás arreglos constructivos, y las relaciones que éstos representan, sirven de base para el fortalecimiento de la asociación entre los pueblos indígenas y los Estados,</u>

Versión de la Asamblea General (AG) 2007

PP 14 & 15

Considerando que los <u>derechos afirmados</u> en los tratados, acuerdos y otros arreglos <u>constructivos</u> entre los Estados y los pueblos indígenas son, <u>en algunas situaciones</u>, asuntos de preocupación, <u>interés</u>, responsabilidad y <u>carácter</u> internacional,

<u>*Considerando también* que los tratados, acuerdos y demás arreglos constructivos, y las relaciones que representan, sirven de base para el fortalecimiento de la asociación entre los pueblos indígenas y los Estados,</u>

La formulación y los cambios hechos al párrafo 13 original del preámbulo (PP 14 & 15 en la versión de la AG) muestran explícitamente el sutil y constante menosprecio de las Naciones Indígenas.

Primeramente, cuando los diplomáticos de las Naciones Unidas empezaron a hablar sobre los pueblos indígenas, ellos consideraban a todos los pueblos indígenas como "minorías". Esta denominación no corresponde porque en muchos estados la mayoría de la población es indígena, por eso, luego se empezó a usar "poblaciones indígenas". Seguidamente, los delegados indígenas que representaban a sus naciones, una vez más, discreparon con el uso del término "poblaciones". Por consiguiente, se comenzó a usar el término "pueblo" en su forma singular. De nuevo, los delegados indígenas estuvieron 50 en desacuerdo. (Nosotros, desde el Consejo de los Tratados de la Nación Sioux, estuvimos en completo desacuerdo, porque nuestro acercamiento a las Naciones Unidas fue en condición de nación). Después de muchos debates con los estados, finalmente se aceptó el uso del término "pueblos" indígenas.

Todo esto puso al descubierto la intención de los estados, encabezada por los Estados Unidos, de persistentemente minimizar y degradar a las Naciones Indígenas y así evitar el uso del término "nación" como debería ser aplicado a nosotros. Los Estados Unidos se refieren continuamente a las Naciones Indígenas localizadas dentro de su territorio como "sus naciones (estadounidenses) internas y dependientes".

Los cambios hechos al texto original demuestran esta intención degradante. ¿Los Estados Unidos y Rusia considerarían los derechos ratificados en los tratados hechos entre ambas naciones ser "en algunas situaciones asuntos de interés, responsabilidad y carácter internacional" o estos mismos países considerarían propiamente sus tratados como "asuntos de interés y responsabilidad internacional"? La redacción de la segunda frase entre comillas sería la más apropiada, ya que los tratados son "asuntos de interés y responsabilidad internacional" y se mantienen de manera generalizada y no sólo "en algunas situaciones". Aplicar los tratados sólo en algunas situaciones es degradarlos y sugiere que una de las partes puede decidir respetar el tratado sólo cuando lo considera conveniente. Lo mencionado viola claramente el significado del término *tratado*, así sea un tratado hecho entre estados que son reconocidos por las Naciones Unidas o entre un estado y una nación antigua que no sea necesariamente parte de la ONU. Los tratados conservan legalidad y son en todo momento "asuntos de interés y responsabilidad internacional".

El Preámbulo de la Carta de la ONU es claro en relación con la determinación de las Naciones Unidas en reafirmar los derechos humanos de los pueblos y naciones, y el respeto de los tratados:

**"A reafirmar la fe en los derechos humanos fundamentales,
en la dignidad y el valor de la persona humana,
en la igualdad de derechos de hombres y mujeres,
y de las naciones grandes y pequeñas, y ...
a crear condiciones bajo las cuales puedan mantenerse
la justicia y el respeto a las obligaciones emanadas de los
tratados y de otras fuentes del derecho internacional, ...".**

El preámbulo claramente se compromete a proteger los derechos "de las naciones grandes y **pequeñas**". Nuestra nación es ahora pequeña, después de haber sido casi exterminada por los Estados Unidos; sin embargo, seguimos siendo sujetos de derechos, respeto y dignidad como nación.

En segundo lugar, la frase *condiciones bajo las cuales puedan mantenerse las obligaciones emanadas de los tratados y de otras fuentes del derecho internacional* demuestra la naturaleza y estatus internacional de los tratados hechos entre un estado y una nación antigua. Las obligaciones de estos tratados deben mantenerse.

En relación con el párrafo final, o PP 15 de la versión de la Asamblea General, el párrafo entero altera la intención original de cualquier tratado, acuerdo, u otro arreglo hecho entre una nación indígena y un estado. Muchos de estos acuerdos, NO se establecieron para fortalecer una colaboración, sino para otros fines. Nuevamente, este segundo párrafo es un grave insulto y denigra todos los tratados, acuerdos y otros arreglos constructivos hechos entre las Naciones Indígenas y los estados colonizadores. Este parafraseo no tiene lugar en la Declaración sobre los Derechos de las Naciones Indígenas.

Texto original de la Sub-comisión 1994

PP 14

Reconociendo que la Carta de las Naciones Unidas, el Pacto Internacional de Derechos Económicos, Sociales y Culturales y el Pacto Internacional de Derechos Civiles y Políticos afirman la importancia fundamental del derecho de todos los pueblos a la libre determinación, en virtud del cual éstos determinan libremente su condición política y persiguen libremente su desarrollo económico, social y cultural,

Versión del Consejo de Derechos Humanos (CDH) 2006

PP 14

Reconociendo que la Carta de las Naciones Unidas, el Pacto Internacional de Derechos Económicos, Sociales y Culturales y el Pacto Internacional de Derechos Civiles y Políticos afirman la importancia fundamental del derecho de todos los pueblos a la libre determinación, en virtud del cual estos determinan libremente su condición política y persiguen libremente su desarrollo económico, social y cultural,

Versión de la Asamblea General (AG) 2007

PP 16

Reconociendo que la Carta de las Naciones Unidas, el Pacto Internacional de Derechos Económicos, Sociales y Culturales y el Pacto Internacional de Derechos Civiles y Políticos[1], <u>así como la Declaración y el Programa de Acción de Viena</u>[2], afirman la importancia fundamental del derecho de todos los pueblos a la libre determinación, en virtud del cual éstos determinan libremente su condición política y persiguen libremente su desarrollo económico, social y cultural,

[Para una breve explicación de la ICESCR, ICCPR, y VDPA, véase la nota 5.]

---

1   Vea resolución 2200 A (XXI), anexo.

2   A/CONF.157/24 (Parte I), cap. III.

La frase, *así como la Declaración y el Programa de Acción de Viena* fue incorporada y adoptada por la Asamblea General. Esta frase no estaba incluida en la versión que el Consejo de Derechos Humanos aprobó. La adición de la Declaración de Viena en esta Declaración crea confusión, porque la Declaración de Viena usa la palabra *pueblo* y no el plural *pueblos*. El uso en singular en vez del plural coloca a la variedad de naciones de pueblos indígenas dentro de una sola categoría y niega a cada una de ellas, su propia y única nacionalidad. ¿Quisieran Francia, Alemania, África del Sur y Japón ser considerados dentro de la categoría de "un pueblo"? Claro que no. Ellas son naciones distintas y quisieran ser reconocidas como tales. Las Naciones Indígenas sólo quieren tener el mismo tipo de respeto y distinción.

Asimismo, la Declaración de Viena pone a los pueblos y Naciones Indígenas en la categoría de "minorías". Además, en algunos estados, como en Guatemala, los pueblos indígenas son la mayoría de la población según lo indican las cifras. Asimismo, muchas Naciones Indígenas como la Gran Nación Sioux, tienen un estatus jurídico separado y único dentro de los Estados Unidos, que las minorías no tienen en los Estados Unidos. La inclusión de la Declaración de Viena implica múltiples niveles de confusión para la Declaración.

Texto original de la Sub-comisión 1994

PP 15

Teniendo presente que nada de lo contenido en la presente Declaración podrá utilizarse para negar a ningún pueblo su derecho a la libre determinación,

Versión del Consejo de Derechos Humanos (CDH) 2006

PP 15

Teniendo presente que nada de lo contenido en la presente Declaración podrá utilizarse para negar a ningún pueblo su derecho a la libre determinación, <u>ejercido de conformidad con el derecho internacional</u>,

Versión de la Asamblea General (AG) 2007

PP 17

Teniendo presente que nada de lo contenido en la presente Declaración podrá utilizarse para negar a ningún pueblo su derecho a la libre determinación, <u>ejercido de conformidad con el derecho internacional</u>,

El párrafo ha sido cambiado. Al incluir las palabras *ejercido de conformidad con el derecho internacional* el significado del párrafo ha sido alterado. El documento pretende ser una declaración sobre derechos humanos. Las Naciones Indígenas tienen el derecho a la libre determinación como lo tiene cualquier otra nación.

El argumento común de secesión de las Naciones Indígenas es la razón por la cual se añadió esta frase. Esto nos lleva a plantearnos la pregunta, cómo una nación puede librarse de la ocupación de otra nación. ¿No sería eso "obtener nuestra libertad"? La pregunta de fondo es sobre la justicia y el cumplimiento de los tratados, ya que éstos garantizan los territorios geográficos específicos para "su ocupación absoluta y sin perturbaciones" de una nación indígena, y no está relacionada a la secesión. Se trata aquí de hacer justicia de acuerdo a las condiciones del tratado que los estados acordaron honrar.

Al incorporar la frase *ejercido de conformidad con el derecho internacional* se limita el derecho a la libre determinación de las Naciones Indígenas, especialmente porque los estados no están sujetos al mismo derecho internacional. Las cuestiones más relevantes que se refieren al cumplimiento de las disposiciones de los tratados y a la rectificación de las violaciones hechas a los tratados no han sido atendidas. De igual manera las Naciones Indígenas no tienen ningún recurso a nivel internacional frente a las injusticias y violaciones realizadas por los estados. La frase *ejercida de conformidad con el derecho internacional* es segregacionista para las naciones y pueblos indígenas y debería ser borrada. Basta con decir que las Naciones Indígenas tienen el derecho a la libre determinación como un derecho inalienable y sagrado, como lo es para todas las otras naciones, sean o no miembros de la ONU.

Texto original de la Sub-comisión 1994

No PP

[Nada fue escrito en el texto original.]

Versión del Consejo de Derechos Humanos (CDH) 2006

PP 15bis

Convencida de que el reconocimiento de los derechos de los pueblos indígenas en la presente Declaración fomentará las relaciones armoniosas y de cooperación entre los Estados y los pueblos indígenas, basadas en 57 los principios de la justicia, la democracia, el respeto de los derechos humanos, la no discriminación y la buena fe,

Versión de la Asamblea General (AG) 2007

PP 18

Convencida de que el reconocimiento de los derechos de los pueblos indígenas en la presente Declaración fomentará las relaciones armoniosas y de cooperación entre los Estados y los pueblos indígenas, basadas en los principios de la justicia, la democracia, el respeto de los derechos humanos, la no discriminación y la buena fe,

La incorporación de este párrafo sólo resta valor al tema de fondo que es la libre determinación. Este nuevo párrafo no es útil para las naciones y pueblos indígenas. Nuevamente, no habría la necesidad de tener una declaración diferente para los pueblos indígenas si, desde el inicio, los estados hubiesen cumplido con la Declaración universal de los derechos humanos.

Texto original de la Sub-comisión 1994

PP 16

Alentando a los Estados a que cumplan y apliquen eficazmente todos los instrumentos internacionales, en particular los relativos a los derechos humanos, cuando estos se relacionen a los pueblos indígenas, en consulta y cooperación con los pueblos interesados,

Versión del Consejo de Derechos Humanos (CDH) 2006

PP 16

Alentando a los Estados a que cumplan y apliquen eficazmente todas <u>sus obligaciones</u> para con los pueblos indígenas <u>dimanantes</u> de los instrumentos internacionales, en particular las relativas a los derechos humanos, en consulta y cooperación con los pueblos interesados,

Versión de la Asamblea General (AG) 2007

PP 19

Alentando a los Estados a que cumplan y apliquen eficazmente todas <u>sus obligaciones</u> para con los pueblos indígenas <u>dimanantes</u> de los instrumentos internacionales, en particular las relativas a los derechos humanos, en consulta y cooperación con los pueblos interesados,

El párrafo ha sido cambiado. Adicionando las palabras *sus obligaciones* dentro de la misma oración donde se encuentra *instrumentos internacionales*, alienta a los Estados Unidos al cumplimiento de los tratados que hizo con las Naciones Indígenas en Norte América. Los tratados son instrumentos internacionales. En el artículo VI de la Constitución de los Estados Unidos se reconoce a los tratados como "Ley suprema de la Tierra".

Texto original de la Sub-comisión 1994

PP 17

Subrayando que corresponde a las Naciones Unidas desempeñar un papel importante y continuo de promoción y protección de los derechos de los pueblos indígenas,

PP 18

Considerando que la presente Declaración constituye un nuevo paso importante hacia el reconocimiento, la promoción y la protección de los derechos y las libertades de los pueblos indígenas y en el desarrollo de actividades pertinentes del sistema de las Naciones Unidas en esta esfera,

Versión del Consejo de Derechos Humanos (CDH) 2006

PP 17
[Igual al texto original]

PP 18
[Igual al texto original]

Versión de la Asamblea General (AG) 2007

PP 20
[Igual al texto original]

PP 21
[Igual al texto original]

No hubo cambios en estos textos, sólo en los números de los párrafos del preámbulo.

Texto original de la Sub-comisión 1994

No PP
[Nada fue escrito en el texto original.]

Versión del Consejo de Derechos Humanos (CDH) 2006

PP 18bis
Reconociendo y reafirmando que los indígenas tienen derecho sin discriminación a todos los derechos humanos reconocidos en el derecho internacional, y que los pueblos indígenas poseen derechos colectivos que son indispensables para su existencia, bienestar y desarrollo integral como pueblos,

Versión de la Asamblea General (AG) 2007

PP 22

<u>*Reconociendo y reafirmando* que los indígenas tienen derecho sin discriminación a todos los derechos humanos reconocidos en el derecho internacional, y que los pueblos indígenas poseen derechos colectivos que son indispensables para su existencia, bienestar y desarrollo integral como pueblos,</u>

La frase *los pueblos indígenas poseen derechos colectivos que son indispensables para su existencia, bienestar y desarrollo integral como pueblos* no incluye la palabra *naciones*. La elección del uso de *pueblos* y el evitar el uso de la palabra *naciones* es una manera sutil que busca destruir a las Naciones Indígenas. Si algo está excluido, no es verbalizado, o esta invisibilizado durante mucho tiempo, tiende a desaparecer.

Algunas personas se resisten al uso de la palabra *nación* al describir a las Naciones Indígenas porque sostienen que el concepto de "nación" está relacionado al concepto de estado occidental. Para efectos de este análisis, sin embargo, la palabra *nación* describe a un grupo de personas que cuenta con la misma historia, lengua, valores, herencia genética, región geográfica, forma de gobierno. Este término es diferente del término *pueblos*, ya que existen muchos pueblos indígenas, pero cada grupo, o nación indígena, tendrá sus propias lenguas, historias, valores, herencia genética, región geográfica, y gobierno.

Además, una Nación es diferente de un estado moderno, un ejemplo son los estados que son miembros de las Naciones Unidas. Los ciudadanos de un estado moderno no comparten necesariamente una lengua común, una visión del mundo, costumbres, valores, etc.; más bien, ellos han elegido crear un gobierno basado en ideas o principios. Los Estados Unidos, y 61 otros estados colonizadores del hemisferio occidental son buenos y comunes ejemplos de estados modernos.

Si sustituimos la palabra *pueblos* por la palabra *naciones*, la frase sería: *"que las Naciones Indígenas poseen derechos colectivos que son indispensables para su existencia, bienestar y desarrollo integral como naciones.*" La clara distinción en el significado – *naciones* versus *pueblos* – nos muestra la diferencia. La frase escrita de esta manera sugiere la pregunta obvia: ¿quieren las Naciones Unidas que las Naciones Indígenas desaparezcan? Parece que sí, por cómo está escrito este párrafo del preámbulo.

Texto original de la Sub-comisión 1994

No PP

[Nada fue escrito en el texto original.]

Versión del Consejo de Derechos Humanos (CDH) 2006

No PP

[Nada fue escrito en el texto de la CDH.]

Versión de la Asamblea General (AG) 2007

PP 23

<u>*Reconociendo* que la situación de los pueblos indígenas varía según las regiones y los países y que se debe tener en cuenta la significación de las particularidades nacionales y regionales y de las diversas tradiciones históricas y culturales,</u>

Este nuevo párrafo del preámbulo fue adicionado en el texto de la Asamblea General. Una vez más, el párrafo necesita incluir la palabra *naciones*, y así tendríamos *pueblos* y *Naciones Indígenas*. De nuevo, la exclusión de la palabra naciones presupone que no existen Naciones Indígenas.

Texto original de la Sub-comisión 1994

PP 19

Proclama solemnemente la Declaración de las Naciones Unidas sobre los derechos de los pueblos indígenas:

Versión del Consejo de Derechos Humanos (CDH) 2006

PP 19

Proclama solemnemente la Declaración de las Naciones Unidas sobre los derechos de los pueblos indígenas, <u>cuyo texto figura a continuación, como ideal común que debe perseguirse en un espíritu de solidaridad y respeto mutuo:</u>

Versión de la Asamblea General (AG)

PP 24

Proclama solemnemente la Declaración de las Naciones Unidas sobre los derechos de los pueblos indígenas, <u>cuyo texto figura a continuación, como ideal común que debe perseguirse en un espíritu de solidaridad y respeto mutuo:</u>

El párrafo ha sido cambiado. La nueva frase *cuyo texto figura a continuación, como ideal común **que debe perseguirse** en un espíritu de solidaridad y respeto mutuo* (énfasis añadido), es lo que el Grupo de Trabajo de las Naciones Unidas sobre poblaciones indígenas y el Grupo de trabajo sobre el proyecto de la Declaración junto con cientos de representantes de naciones y pueblos indígenas han estado haciendo desde el año 1984. La adición de esta frase destruye completamente el significado del párrafo original, el mismo que anuncia o proclama la Declaración. O bien es una Declaración de derechos humanos, o es una Declaración en búsqueda de un ideal común que debe 63 perseguirse. Obviamente, esta última **NO** sería una Declaración de Derechos Humanos.

Artículos

SÓLO CUATRO ARTÍCULOS DEL TEXTO ORIGINAL no han sido modificados en la versión de la declaración que fue finalmente aprobada por la Asamblea General. Las sesiones del Grupo de Trabajo sobre el proyecto de la Declaración generaron consenso en muchos más artículos, pero el presidente optó por no incluirlos en su versión. Los artículos del texto original que no se modificaron son A5, A40, A42 y A43. Además, algunos de los artículos de la Asamblea General están enumerados de manera diferente del texto original e incluso de la versión del CDH.

Una de las palabras que uso con frecuencia en este análisis de los artículos es *mandato*. Un mandato es una ley, una orden, una disposición o una directiva. Por ejemplo, el párrafo 2 del artículo 11 (versión de la Asamblea General) establece: "Los estados proporcionarán reparación por medio de mecanismos eficaces, …". Cuando el verbo expresa este tipo de acción – "hará esto o lo otro"– la declaración pasa de declarar un derecho a afirmar que los estados deben realizar algún tipo de acción. Por ejemplo, los estados "deben proporcionar reparación". Hay muchos artículos que, después de expresar el derecho, indican un mandato a los estados. Es una orden a los estados, una directiva o una ley, pero no se está declarando un derecho.

Si bien estos mandatos a los estados serían muy beneficiosos para todos si se cumplieran, planteamos algunas preguntas críticas en relación a la redacción de la Asamblea General: ¿Quién va a hacer que los estados cumplan con estas acciones? ¿En dónde radica el poder para hacer cumplir los mandatos?

Con la introducción de mandatos a los estados dentro de la declaración de derechos surgen otros problemas.

En primer lugar, los mandatos a los estados son ajenos a una declaración de derechos. Si tales mandatos deben darse a los estados, deberían darse como parte de un código internacional de leyes o se deberían incluir a la declaración como un anexo de leyes. Éstos no deben estar presentes dentro del texto de la declaración de los derechos.

En segundo lugar, aunque la mayoría de los estados miembros de las Naciones Unidas han aceptado esta Declaración, las Naciones Unidas siguen siendo un organismo externo frente a los estados individuales. Las Naciones Unidas no pueden hacer cumplir los mandatos, ya que no se redactaron procedimientos de cumplimiento en la declaración. Nuevamente, para hacer cumplir los mandatos, debería existir un código internacional de leyes con procedimientos de ejecución, y todos los estados miembros tendrían que aceptar este código de leyes.

En tercer lugar, como esta declaración debe manejarse nacionalmente –dentro de cada estado– por lo tanto, la aprobación de la declaración por parte de un estado debería significar un acuerdo automático con todos los mandatos. Sin embargo, nuevamente, surgiría el problema de cómo hacer cumplir los mandatos. ¿Uno o varios órganos de gobierno internos de un estado determinarían los procedimientos de cumplimiento de los mandatos y las sanciones por violar cualquiera de estos derechos? Por ejemplo, en Estados Unidos, ¿autorizaría el Congreso la ejecución y los procedimientos de penalización por cualquier violación de estos derechos? ¿lo haría Canadá? ¿Honduras? ¿China o Rusia? ¿O todo esto fue sólo un intento para apaciguar a las naciones y pueblos indígenas y para calmar nuestras voces?

PARTE I

Texto original de la Sub-comisión 1994

Artículo 1

Los pueblos indígenas tienen derecho al disfrute pleno y efectivo de todos los derechos humanos y libertades fundamentales reconocidos por la Carta de las Naciones Unidas, la Declaración Universal de Derechos Humanos y el derecho internacional relativo a los derechos humanos.

Versión del Consejo de Derechos Humanos (CDH) 2006

Artículo 1

Los indígenas tienen derecho, como pueblos o como personas[1], al disfrute pleno de todos los derechos humanos y libertades fundamentales reconocidos por la Carta de las Naciones Unidas, la Declaración Universal de Derechos Humanos y la normativa internacional de los derechos humanos.

Versión de la Asamblea General (AG) 2007

Artículo 1

Los indígenas tienen derecho, como pueblos o como individuos, al disfrute pleno de todos los derechos humanos y las libertades fundamentales reconocidos en la Carta de las Naciones Unidas, la Declaración Universal de Derechos Humanos y las normas internacionales de derechos humanos.

---

1   En la versión del libro en inglés, la palabra utilizada es 'individuals', sin embargo, en la traducción del documento oficial del CDH, la palabra 'individuals' ha sido traducida como 'personas'.

Se ha modificado el artículo 1. La palabra *efectivo* garantiza que todos los derechos humanos y libertades fundamentales sean accesibles para las naciones y pueblos indígenas. Tener un derecho y ejercerlo plenamente son dos cosas diferentes. La eliminación de la palabra efectivo debilita y cambia el significado del artículo.

Un ejemplo en cuanto a la diferencia entre tener un derecho y ejercerlo plenamente, es el derecho a la libertad de religión, que ha sido y sigue siendo negado a los miembros de la Gran Nación Sioux y a muchas otras Naciones Indígenas de América Central y de Norteamérica. Los Estados Unidos hacen alarde de que todos tienen el derecho a la libertad de religión, sin embargo, se nos prohíbe ejercer plenamente nuestro derecho a la libertad de religión en las sagradas Black Hills. Las Black Hills han sido apropiadas y ocupadas ilegalmente por los Estados Unidos desde 1874. Los miembros de la Gran Nación Sioux no podemos ejercer plenamente nuestro derecho a la libertad de religión, ya que no tenemos acceso a las Black Hills para realizar nuestras ceremonias libremente, para enterrar a nuestros muertos o recolectar nuestras medicinas. En cambio, las sagradas Black Hills y muchos sitios sagrados, lugares de entierro y de medicina están siendo destruidos y profanados por la minería, la tala, el turismo y las prácticas agrícolas.

Además, en el artículo 1, agregar la frase *como pueblos o como individuos* es redundante e innecesaria.

Texto original de la Sub-comisión 1994

Artículo 2

Las <u>personas y los pueblos</u> indígenas son libres e iguales a todas las demás personas y pueblos en cuanto <u>a dignidad y derechos</u> y tienen el derecho a no ser objeto de ninguna discriminación <u>desfavorable</u> fundada, en particular, en su origen o identidad indígenas.

Versión del Consejo de Derechos Humanos (CDH) 2006

Artículo 2

Los <u>pueblos y las personas</u> indígenas son libres e iguales a todos los demás <u>pueblos y personas</u> y tienen derecho a no ser objeto de ninguna discriminación en <u>el ejercicio de sus derechos</u> que este fundada, en particular, en su origen o identidad indígena.

Versión de la Asamblea General (AG) 2007

Artículo 2

Los <u>pueblos y los individuos</u> indígenas son libres e iguales a todos los demás <u>pueblos y personas</u> y tienen derecho a no ser objeto de ningún tipo de discriminación <u>en el ejercicio de sus derechos</u>, en particular la fundada en su origen o identidad indígenas.

Además, la frase en *dignidad y derechos* fue nuevamente eliminada, así como en el primer párrafo del preámbulo. Esta frase se utiliza en la Declaración Universal de los Derechos Humanos. En el caso de los pueblos indígenas, su uso es una necesidad, ya que la dignidad y los derechos de los pueblos indígenas han sido aplastados durante muchas décadas. Era esencial preservar esta frase. Esta es una declaración sobre los derechos y la dignidad de los seres humanos indígenas. No había ninguna razón para eliminarla. La única razón es, una vez más, discriminar a los seres humanos indígenas.

La palabra *desfavorable* que se refiere a la discriminación también fue eliminada. Sin embargo, en el contexto de la oración, su papel es vital. El único tipo de discriminación que limitaría los derechos sería la discriminación "desfavorable".

Agregar la frase *en el ejercicio de sus derechos* podría ser perjudicial y limitante para los pueblos indígenas cuando un estado no reconoce los derechos indígenas en su legislación nacional. No habría discriminación "en el ejercicio de sus derechos" si el estado no reconoce nuestros "derechos".

Texto original de la Sub-comisión 1994

Artículo 3

Los pueblos indígenas tienen derecho a la libre determinación. En virtud de ese derecho determinan libremente su condición política y persiguen libremente su desarrollo económico, social y cultural.

Versión del Consejo de Derechos Humanos (CDH) 2006

Artículo 3

[Igual al texto original.]

Versión de la Asamblea General (AG) 2007

Artículo 3

[Igual al texto original.]

El artículo es hermoso, ya que refleja la intención y el significado de la libre determinación.

Sin embargo, muchas otras partes de esta declaración limitan enormemente este artículo. De nuevo, la ausencia de la palabra *naciones* es perturbadora.

Texto original de la Sub-comisión 1994

Sin artículo

[Nada fue escrito en el texto original. Ver artículo 31 del texto original.]

Versión del Consejo de Derechos Humanos (CDH) 2006

Artículo 3bis

Los pueblos indígenas, en ejercicio de su derecho de libre determinación, tienen derecho a la autonomía o el autogobierno en las cuestiones relacionadas con sus asuntos internos y locales, así como los medios para financiar sus funciones autónomas.

[Antiguo artículo 31]

Versión de la Asamblea General (AG) 2007

Artículo 4

<u>Los pueblos indígenas, en ejercicio de su derecho a la libre determinación, tienen derecho a la autonomía o al autogobierno en las cuestiones relacionadas con sus asuntos internos y locales, así como a disponer de medios para financiar sus funciones autónomas.</u>

[Antiguo artículo 31]

El artículo 3bis (de nuevo, *bis* significa "además" o "que ocurre por segunda vez") es una versión abreviada del artículo 31 del texto original. La versión de la Asamblea General lo llama Artículo 4. Este texto, aprobado por la Asamblea General, es muy limitante y peligroso para la libre determinación de las Naciones Indígenas debido al uso de las palabras *asuntos internos y locales*, que no son explicados ni elaborados a partir de una perspectiva indígena. Los Estados Unidos y otros estados pueden imponer sus propios significados a estos términos para limitar a las naciones y pueblos indígenas. "Autogobierno en las cuestiones relacionadas con... asuntos internos y locales" puede ser interpretado como que supone ejercer la autonomía sólo en las cuestiones de nuestros pueblos, reservas o en otras áreas locales. Esto limita la soberanía de las Naciones Indígenas y niega los viajes internacionales, el comercio y otros acuerdos o compromisos.

A modo de comparación, he subrayado parte del texto que este nuevo artículo 4 ha eliminado del artículo 31 del texto original:

Los pueblos indígenas, <u>como forma concreta</u> del ejercicio de su derecho a la libre determinación, tienen derecho a la autonomía o al autogobierno en las cuestiones relacionadas con sus asuntos internos y locales, <u>en particular la cultura, la religión, la educación, la información, los medios de comunicación, la salud, la vivienda, el empleo, el bienestar</u>

<u>social, las actividades económicas, la gestión de tierras y recursos, el medio ambiente y el ingreso de no miembros</u>, así como a disponer de medios para financiar estas funciones autónomas.

Esa última frase –"así como a disponer de medios para financiar estas funciones autónomas"– sanciona a la víctima y, desafortunadamente, fue conservada. Los estados han negado agresivamente a muchos pueblos indígenas la capacidad de financiar nuestras funciones autónomas y nos han obligado a depender de los gobiernos colonizadores. Este artículo establece que el derecho a la autonomía debe incluir independencia financiera. Los estados cuyas tácticas de colonización han hecho dependientes a las Naciones Indígenas deben brindar a dichas naciones y pueblos indígenas la oportunidad, la capacidad y la habilidad de independizarse nuevamente del estado.

Texto original de la Sub-comisión 1994

Artículo 4

Los pueblos indígenas tienen derecho a conservar y reforzar sus propias <u>características</u> políticas, económicas, sociales y culturales, así como sus <u>sistemas</u> jurídicos, manteniendo a la vez sus derechos a participar plenamente, si lo desean, en la vida política, económica, social y cultural del Estado.

Versión del Consejo de Derechos Humanos (CDH) 2006

Artículo 4

Los pueblos indígenas tienen derecho a conservar y reforzar sus propias <u>instituciones</u> políticas, jurídicas, económicas, sociales y culturales, manteniendo a la vez sus derechos a participar plenamente, si lo desean, en la vida política, económica, social y cultural del Estado.

Artículo 5

Los pueblos indígenas tienen derecho a conservar y reforzar sus propias <u>instituciones</u> políticas, jurídicas, económicas, sociales y culturales, manteniendo a la vez su derecho a participar plenamente, si lo desean, en la vida política, económica, social y cultural del Estado.

Se ha modificado el párrafo. Las palabras *características* y *sistemas* fueron eliminadas y reemplazadas por la palabra *instituciones*. Estas son palabras muy diferentes. Las *características* se refieren a lo que constituye la naturaleza y la singularidad de algo –su carácter distintivo. Los *sistemas* significan el esquema, el procedimiento y el orden de cómo se hace algo. La palabra se refiere a un proceso interrelacionado y ordenado. Las *instituciones* se definen como organismos, organizaciones o establecimientos. Son estructuras y mecanismos para establecer el orden social.

Al sustituir dichas palabras por *instituciones*, el derecho se vuelve muy subjetivo y puede ser negado porque la palabra instituciones está abierta a la interpretación del estado colonizador.

Los pueblos indígenas tienen instituciones, pero no están codificadas ni descritas por escrito; en cambio, estas están internalizadas. En muchos casos, las instituciones existen de una manera muy diferente frente a los conceptos o ideologías occidentales. Por ejemplo, muchas Naciones Indígenas son matrilineales, lo que no es compatible con el pensamiento occidental.

Además, durante las violentas confrontaciones con los estados colonizadores, para proteger nuestras instituciones de gobierno, muchas Naciones Indígenas no las hemos mostrado abiertamente. En el caso de la Gran Nación Sioux y los Estados Unidos, por ejemplo, este derecho ha sido y seguirá siendo denegado. Un ejemplo de la negación del derecho a nuestras propias instituciones legales, sociales y culturales es la Ley Federal de Crímenes Graves de los Estados Unidos (1885), que usurpó y continúa usurpando los sistemas legales de la Gran Nación Sioux.

Texto original de la Sub-comisión 1994

Artículo 5

Toda persona indígena tiene derecho a una nacionalidad.

Versión del Consejo de Derechos Humanos (CDH) 2006

Artículo 5

[Igual al texto original.]

Versión de la Asamblea General (AG) 2007

Artículo 6

[Igual al texto original.]

No se hicieron cambios. Sin embargo, este artículo plantea la pregunta: ¿Cómo puedes tener una nacionalidad si no tienes una nación? Las personas indígenas pueden ser ciudadanos de un estado, pero también podemos reclamar nuestra nacionalidad indígena.

PARTE II

Artículo 6

Los pueblos indígenas tienen el derecho colectivo a vivir en libertad, paz y seguridad como pueblos distintos y a gozar de plenas garantías contra el genocidio o cualquier otro acto de violencia, comprendida la separación de los niños indígenas de sus familias y comunidades, con cualquier pretexto.

Además, tienen derechos individuales a la vida, la integridad física y mental, la libertad y la seguridad de la persona.

Artículo 6

Las personas indígenas tienen derecho a la vida, la integridad física y mental, la libertad y la seguridad de la persona.

Los pueblos indígenas tienen el derecho colectivo a vivir en libertad, paz y seguridad como pueblos distintos y no serán sometidos a ningún acto de genocidio ni a ningún otro acto de violencia, incluido el traslado forzoso de niños del grupo a otro grupo.

Artículo 7

Las personas indígenas tienen derecho a la vida, la integridad física y mental, la libertad y la seguridad de la persona.

Los pueblos indígenas tienen el derecho colectivo a vivir en libertad, paz y seguridad como pueblos distintos y no serán sometidos a ningún acto de genocidio ni a ningún otro acto de violencia, incluido el traslado forzoso de niños del grupo a otro grupo.

Este artículo muestra cómo las versiones de CDH y AG son inconsistentes con el documento original de la declaración de los derechos de los pueblos indígenas. Con los cambios en este artículo, prima lo individual, en lugar de lo colectivo, mientras que, en los artículos anteriores, lo colectivo primaba, y después el individuo.

Además, cambiar la frase *y a garantías plenas contra el genocidio* con la frase *no serán sometidos a ningún acto de genocidio* altera por completo el significado del artículo. El texto original afirmaba que los pueblos indígenas tienen derecho a "garantías plenas contra el genocidio". Las versiones CDH y AG no mencionan este derecho. Las versiones CDH y AG, más bien, establecen una acción que debe cumplirse, pero no dice cómo hacerlo. El artículo, tal como se ha modificado, está escrito como una ley, y no como un derecho.

En tercer lugar, la redacción *la separación de niños indígenas de sus familias y comunidades con cualquier pretexto* ha sido completamente alterada. La adición de la palabra *forzado* excluye las otras formas en que los niños indígenas han sido y están siendo trasladados. La separación mental y psicológica de los niños es también una forma de genocidio para las naciones y pueblos indígenas. Al reemplazar las palabras *familias* y *comunidades* con *grupos* también limita el derecho de los pueblos indígenas a criar, a nuestra manera, a nuestros hijos en nuestras familias y comunidades. Por ejemplo, un niño puede ser retirado de un internado establecido por los colonizadores (grupo) y llevado a otro internado (grupo). Este tipo de acción genocida sería admisible según los textos del CDH y de la AG.

Finalmente, eliminar por completo la frase *con cualquier pretexto* es muy inquietante, ya que los colonizadores elaboran todo tipo de excusas y pretextos para secuestrar a los niños indígenas y ponerlos bajo control no indígena.

Texto original de la Sub-comisión 1994

Artículo 7

Los pueblos indígenas tienen el <u>derecho colectivo e individual</u> a no ser objeto de <u>etnocidio y genocidio cultural</u>, en <u>particular</u> a la prevención y la reparación de:

a) todo acto que tenga por objeto o consecuencia privarlos de su integridad como pueblos distintos o de sus valores culturales o su identidad étnica;

b) todo acto que tenga por objeto o consecuencia enajenarles sus tierras, territorios o recursos;

c) toda forma de traslado de población que tenga por objeto o consecuencia la violación o el menoscabo de cualquiera de sus derechos;

d) toda forma de asimilación e integración <u>a otras culturas o modos de vida que les sean impuestos por medidas legislativas, administrativas o de otro tipo;</u>

e) toda forma de propaganda dirigida contra ellos.

Versión del Consejo de Derechos Humanos (CDH) 2006

Artículo 7

Los pueblos y <u>las personas</u> indígenas tienen derecho a no sufrir la <u>asimilación forzosa o la destrucción de su cultura.</u>

<u>Los Estados establecerán mecanismos eficaces</u> para la prevención y el resarcimiento de:

a) Todo acto que tenga por objeto o consecuencia privar a los pueblos y las personas indígenas de su integridad como pueblos distintos o de sus valores culturales o su identidad étnica;

b) Todo acto que tenga por objeto o consecuencia enajenarles sus tierras, territorios o recursos;

c) Toda forma de traslado forzoso de población que tenga por objeto o consecuencia la violación o el menoscabo de cualquiera de sus derechos;

d) Toda forma de asimilación e integración forzosas <u>a otras culturas o modos de vida que les sean impuestos por medidas legislativas, administrativas o de otro tipo;</u>

e) Toda forma de propaganda <u>que tenga como fin promover o incitar la discriminación racial o étnica</u> dirigida contra ellos.

Versión de la Asamblea General (AG) 2007

Artículo 8

1. Los pueblos y <u>los individuos</u> indígenas tienen derecho a no ser sometidos a una <u>asimilación forzada ni a la destrucción de su cultura.</u>

2. <u>Los Estados establecerán mecanismos eficaces</u> para la prevención y el resarcimiento de:

a) Todo acto que tenga por objeto o consecuencia privarlos de su integridad como pueblos distintos o de sus valores culturales o su identidad étnica;

b) Todo acto que tenga por objeto o consecuencia desposeerlos de sus tierras, territorios o recursos;

c) Toda forma de traslado forzado de población que tenga por objeto o consecuencia la violación o el menoscabo de cualquiera de sus derechos;

d) Toda forma de asimilación o integración forzada;

e) Toda forma de propaganda <u>que tenga como fin promover o incitar a la discriminación racial o étnica dirigida contra ellos.</u>

Desde la primera oración, el significado original del artículo 7 ha sido cambiado completamente.

Primero, la eliminación de la palabra *colectivo* abre la posibilidad de extinguir una nación. Demuestra rechazo al reconocimiento de los derechos colectivos, a los derechos de un pueblo como un cuerpo colectivo, como una nación. Por ejemplo, en los Estados Unidos, reconocer a los pueblos como etnicidades diferentes no significa necesariamente reconocer a los pueblos como una nación. En el ámbito internacional, el uso de la palabra *colectivo* puede referirse a una nación y no a un grupo de personas. Este cambio reduce el posicionamiento internacional de los pueblos indígenas como naciones. El uso de la palabra *colectivo* debe ser consistente en todo el mundo. Y es necesario que existan definiciones consistentes que especifiquen qué significa *colectivo* en el marco de esta declaración, para no dar pie a malas interpretaciones.

La "asimilación forzada ni a la destrucción de su cultura" no es lo mismo que "el etnocidio y genocidio cultural". Un ejemplo de "asimilación forzada" es tener que hablar el idioma de los colonizadores en todo momento, o asistir a las iglesias de los colonizadores mientras que las prácticas espirituales indígenas son prohibidas. Este ejemplo no implica etnocidio, ya que el lenguaje y las prácticas espirituales podrían pasar a la "clandestinidad" y seguir siendo conservadas. El etnocidio puede destruir completamente la etnicidad de un pueblo, como ha sucedido con muchos afroamericanos. Su etnicidad fue destruida después de haber sido mantenidos como esclavos durante muchas décadas. La asimilación forzada puede revertirse. El etnocidio no puede ser revertido.

Un ejemplo de "destrucción de su cultura" podría ser la devastadora aniquilación del búfalo, ya que éste tenía una relación simbiótica a nivel espiritual y físico con el pueblo de la Gran Nación Sioux. Incluso sin la presencia del búfalo, los principales valores y virtudes de la cultura permanecen y se adaptan a las limitaciones físicas. Esto es diferente del genocidio cultural, donde toda una cultura es completamente destruida, incluidos los pueblos considerados como pueblos distintos.

Al igual que con los cambios hechos al artículo 6, la segunda oración es una directiva. Está redactada como una ley. Ella orienta hacer algo a los estados y no indica un derecho. Esto les da a los estados la posibilidad de **NO** tratar ninguno de los problemas de las otras cinco subáreas. ¿Cómo se aplicaría el artículo?, ¿cómo directiva? y ¿por quién?

El uso de la palabra *forzado* en (c) y (d) también excluye cualquier forma de "transferencia de población" o "asimilación o integración". Hay numerosos ejemplos de transferencias de población por todo tipo de razones que no fueron más que estrategias para la apropiación de tierras. La legislación y las corporaciones multinacionales todavía imponen políticas de asimilación bajo diversas formas.

Un ejemplo de imposición de políticas de asimilación ocurrió poco después de la Segunda Guerra Mundial, en la década de 1950. El gobierno de los Estados Unidos implementó una política llamada 'Reubicación', enfocada a que los indios estadounidenses abandonen las reservas, se muden a las grandes ciudades para recibir capacitación laboral y luego vivan en ellas. A pesar de que muchos querían regresar a casa, a sus familias, parientes y cultura, esto no siempre era posible debido a la imposibilidad de pagar el retorno a la reserva.

En las reservas no existían las mismas oportunidades y trabajos. Las familias indias que participaron en la Reubicación se vieron obligadas a permanecer en el lugar en el cual fueron reubicadas, y las generaciones siguientes perdieron el idioma, la cultura y, muchas veces, la tierra.

Los funcionarios corruptos de la Oficina de Asuntos Indígenas frecuentemente falsificaban los nombres en los títulos de propiedad de la tierra, cambiándolos por sus propios nombres o por los de sus amigos y familiares. Cuando una persona quería verificar su título de propiedad de la tierra, muchas veces éste no existía. ¿A quién se tendría que acudir para hacer una investigación? A los mismos funcionarios corruptos que hicieron la falsificación. No solamente muchas familias indias americanas fueron asimiladas al sistema estadounidense, sino que también perdieron sus oportunidades de volver a sus hogares y a conectarse con sus raíces.

Estas familias no fueron "forzadas" con una pistola en la sien, pero si fueron "forzadas" por la violencia económica que prevalece actualmente en las reservas de los indios americanos.

Sobre la asimilación o integración, la versión de AG eliminó la frase en (d): *a otras culturas o modos de vida que les sean impuestos por medidas legislativas, administrativas o de otro tipo.* Los pueblos indígenas incluyeron esta frase para nombrar las maneras sistemáticas y reales con las que los estados llevan a cabo el etnocidio y el genocidio cultural.

En (e), el uso de las palabras *que tenga como fin promover o incitar a la discriminación racial o étnica* es perjudicial por diversas razones. Principalmente, el adjetivo calificativo coloca la responsabilidad de la evidencia en la víctima y no en el perpetrador.

Texto original de la Sub-comisión 1994

Artículo 8
Los pueblos indígenas tienen el derecho colectivo e individual a mantener y desarrollar sus propias características e identidades, comprendido el derecho a identificarse a sí mismos como indígenas y a ser reconocidos como tales.

Versión del Consejo de Derechos Humanos (CDH) 2006

Sin artículo
[Este artículo fue eliminado en la declaración aprobada por el Consejo de Derechos Humanos.]

Versión de la Asamblea General (AG) 2007

Sin artículo
[Este artículo fue eliminado en la declaración aprobada por la Asamblea General.]

Todo el artículo fue eliminado. Esto sienta un precedente muy peligroso, ya que la eliminación del artículo niega el derecho a mantener distintas identidades y características indígenas. Esta formulación, ahora eliminada, es la base de un conjunto de derechos de las naciones y pueblos indígenas. La eliminación de este artículo quita el derecho a tener la identidad como individuo y/o como nación indígena.

Hubo un gran debate sobre este artículo. Los pueblos indígenas reconocieron su necesidad, pero la oposición no entendió o no quiso que las identidades distintas se separasen de la tendencia homogenizante.

Además, para la autora, esta eliminación, señala claramente que el Consejo de Derechos Humanos y la Asamblea General todavía quieren que las naciones y pueblos indígenas se ajusten y estén bajo el gobierno del estado. La mayoría de las Naciones Indígenas eran prósperas como naciones autónomas antes de la existencia de la mayoría de los actuales estados. La mayoría de las Naciones Indígenas tienen miles de años de antigüedad y nuestra forma de vida estaba en concordancia con el mundo natural y la ley natural.

Texto original de la Sub-comisión 1994

Artículo 9

Los pueblos y las personas indígenas tienen derecho a pertenecer a una comunidad o nación indígena, de conformidad con las tradiciones y costumbres de la comunidad o nación de que se trate. No puede resultar ninguna <u>desventaja</u> del ejercicio de ese derecho.

Versión del Consejo de Derechos Humanos (CDH) 2006

Artículo 9

Los pueblos y las personas indígenas tienen derecho a pertenecer a una comunidad o nación indígena, de conformidad con las tradiciones y costumbres de la comunidad o nación de que se trate. No puede resultar ninguna <u>discriminación</u> de ningún tipo del ejercicio de ese derecho.

Versión de la Asamblea General (AG) 2007

Artículo 9

Los pueblos y los individuos indígenas tienen derecho a pertenecer a una comunidad o nación indígena, de conformidad con las tradiciones y costumbres de la comunidad o nación de que se trate. Del ejercicio de ese derecho no puede resultar <u>discriminación</u> de ningún tipo.

La palabra *desventaja* fue cambiada por *discriminación*, esto altera el significado del artículo. Una "desventaja" es una "dificultad, inconveniente, deficiencia o debilidad". La palabra tiene un significado totalmente diferente al de la palabra "discriminación", que se refiere a "un sesgo, favoritismo, injusticia, inequidad". **NO** es una desventaja ser indígena. Es una desventaja experimentar discriminación por ser una persona indígena. La discriminación es una acción ejercida de una persona a otra.

Este Artículo y el Artículo 8 del texto original que fue eliminado, van de la mano. Sin embargo, las acciones negativas tomadas en contra de los pueblos indígenas son reconocidas en este artículo. Existe discriminación contra los pueblos indígenas. No obstante, desde una perspectiva indígena, es un honor y un privilegio pertenecer a una nación o comunidad indígena y no debería existir ningún inconveniente que se derive de nuestra pertenencia a nuestras propias naciones. La prohibición de no discriminar a los pueblos y Naciones Indígenas es una directiva para los otros. ¿Por qué esto está dentro de una Declaración de derechos indígenas?

Texto original de la Sub-comisión 1994

Artículo 10

Los pueblos indígenas no serán desplazados por la fuerza de sus tierras o territorios. No se procederá a ningún traslado sin el consentimiento expresado libremente y con pleno conocimiento de los pueblos indígenas interesados y previo acuerdo sobre una indemnización justa y equitativa y, siempre que sea posible, con la posibilidad de regreso.

Versión del Consejo de Derechos Humanos (CDH) 2006

Artículo 10

Los pueblos indígenas no serán desplazados por la fuerza de sus tierras o territorios. No se procederá a ningún traslado sin el consentimiento libre, <u>previo</u> e informado de los pueblos indígenas interesados, ni sin un acuerdo previo sobre una indemnización justa y equitativa y, siempre que sea posible, la opción del regreso.

Versión de la Asamblea General (AG) 2007

Artículo 10

Los pueblos indígenas no serán desplazados por la fuerza de sus tierras o territorios. No se procederá a ningún traslado sin el consentimiento libre, <u>previo</u> e informado de los pueblos indígenas interesados, ni sin un acuerdo previo sobre una indemnización justa y equitativa y, siempre que sea posible, la opción del regreso.

La palabra *previo* fue agregada por el Consejo de Derechos Humanos y mantenida en la versión aprobada por la Asamblea General. Desafortunadamente, el derecho está escrito como una directiva para los demás y no como un derecho. Si se hubiese redactado como un derecho, diría: "Los pueblos indígenas tienen el derecho de no ser desplazados por la fuerza de sus tierras o territorios". Los pueblos indígenas tenemos el derecho de no ser reubicados sin nuestro consentimiento libre, previo e informado; ni sin un acuerdo sobre una indemnización justa y equitativa; y siempre que sea posible, debemos contar con la opción de regreso. Entonces, este cambio del CDH y AG plantea lo siguiente: ¿dónde, cuándo y cómo se pueden hacer correcciones a este documento?

Texto original de la Sub-comisión 1994

Artículo 11

<u>Los pueblos indígenas tienen derecho a una protección y seguridad especiales en períodos de conflicto armado.</u>

<u>Los Estados respetarán las normas internacionales, en particular el Cuarto Convenio de Ginebra de 1949, sobre la protección de personas civiles en tiempo de guerra, y:</u>

<u>a) no reclutarán a personas indígenas contra su voluntad para servir en las fuerzas armadas y, en particular, para ser utilizadas contra otros pueblos indígenas;</u>

<u>b) no reclutarán a niños indígenas en las fuerzas armadas, en ninguna circunstancia;</u>

c) no obligarán a personas indígenas a abandonar sus tierras, territorios o medios de subsistencia ni las reasentarán en centros especiales con fines militares;

d) no obligarán a personas indígenas a trabajar con fines militares en condiciones discriminatorias.

Versión del Consejo de Derechos Humanos (CDH) 2006

Sin artículo

[Este artículo fue eliminado por el Consejo de Derechos Humanos.]

Versión de la Asamblea General (AG) 2007

Sin artículo

[Este artículo también fue eliminado por la Asamblea General.]

Todo el artículo fue eliminado por el Consejo de Derechos Humanos y por la Asamblea General. El artículo 11 del texto original fue y es, precisamente, uno de los derechos más importantes de los pueblos y Naciones Indígenas, ya que les permitiría estar protegidos en períodos de conflicto armado. Los pueblos y Naciones Indígenas que viven en territorios ocupados tienen derecho a ser protegidos por el derecho internacional –al igual que todas las demás personas.

¿Por qué se eliminó este artículo tan importante? Los pueblos y las Naciones Indígenas siempre nos vemos afectados por conflictos armados en los que no tenemos nada que ver. Los gobiernos colonizadores (estados) reconocen las habilidades de supervivencia de los pueblos indígenas o las habilidades que hemos aprendido al vivir en la pobreza, por lo que los soldados indígenas son muy solicitados.

Finalmente, muchos estados desean secretamente que todos los pueblos indígenas se conviertan en parte de la sociedad dominante y que se olviden de ser indígenas. Sin este derecho, ya que han sido eliminadas las cuatro directivas enunciadas en el artículo 11 (a, b, c y d), las naciones y pueblos indígenas de todo el mundo no recibimos, de acuerdo al derecho internacional, la misma protección de nuestra persona, nuestras propiedades y derechos.

Parte III

Artículo 12

Los pueblos indígenas tienen derecho a <u>practicar</u> y revitalizar sus tradiciones y costumbres culturales. Ello incluye el derecho a mantener, proteger y desarrollar las manifestaciones pasadas, presentes y futuras de sus culturas, como lugares arqueológicos e históricos, utensilios, diseños, ceremonias, tecnologías, artes visuales y dramáticas y literaturas, <u>así como el derecho a la restitución de</u> los bienes culturales, intelectuales, religiosos y espirituales de que han sido privados sin que hubieran consentido libremente y con pleno conocimiento o en violación de sus leyes, tradiciones y costumbres.

Artículo 12

Los pueblos indígenas tienen derecho a <u>practicar</u> y revitalizar sus tradiciones y costumbres culturales. Ello incluye el derecho a mantener, proteger y desarrollar las manifestaciones pasadas, presentes y futuras de sus culturas, como lugares arqueológicos e históricos, utensilios, diseños, ceremonias, tecnologías, artes visuales e interpretativas y literaturas.

<u>Los Estados proporcionaran reparación por medio de mecanismos eficaces, que podrán incluir la restitución, establecidos conjuntamente con los pueblos indígenas, respecto de los</u> bienes culturales, intelectuales, religiosos y espirituales de que hayan sido privados sin su consentimiento libre, <u>previo</u> e informado o en violación de sus leyes, tradiciones y costumbres.

Versión de la Asamblea General (AG) 2007

Artículo 11

1. Los pueblos indígenas tienen derecho a <u>practicar</u> y revitalizar sus tradiciones y costumbres culturales. Ello incluye el derecho a mantener, proteger y desarrollar las manifestaciones pasadas, presentes y futuras de sus culturas, como lugares arqueológicos e históricos, objetos, diseños, ceremonias, tecnologías, artes visuales e interpretativas y literaturas.

2. <u>Los Estados proporcionarán reparación por medio de mecanismos eficaces, que podrán incluir la restitución, establecidos conjuntamente con los pueblos indígenas, respecto de los bienes</u> culturales, intelectuales, religiosos y espirituales de que hayan sido privados sin su consentimiento libre, <u>previo</u> e informado o en violación de sus leyes, tradiciones y costumbres.

Los cambios realizados en la última frase del artículo original 12 *"así como el derecho a la restitución de bienes culturales, intelectuales, religiosos y espirituales y que hayan sido privados sin que hubieran consentido libremente y con pleno conocimiento o en violación de sus leyes, tradiciones y costumbres"* niega el derecho en tanto que derecho. La redacción de la frase indicando un derecho desapareció. De esta manera, el artículo modificado (de la versión de la GA) en el punto 2 menciona una directiva a los estados y no expresa un derecho indígena. ¿Quién va a hacer cumplir esta directiva a los Estados?

Si este artículo se hiciera cumplir, podría posiblemente usarse para la devolución, protección y restitución de tierras sagradas. La pregunta es, ¿cómo los estados cumplirían y proporcionarían una reparación que incluya restitución?

Además, las tradiciones culturales también incluyen gobernanza y leyes. ¿Los estados cumplirán con esta nueva directiva eliminando o modificando sus leyes existentes que niegan la gobernanza y las leyes indígenas tradicionales? ¿Los estados establecerán nuevas leyes que reflejen esta nueva directiva?

Texto original de la Sub-comisión 1994

Artículo 13

Los pueblos indígenas tienen derecho a manifestar, <u>practicar</u>, desarrollar y enseñar sus tradiciones, costumbres y ceremonias espirituales y religiosas; a mantener y proteger sus lugares religiosos y culturales y a acceder ellos privadamente; a utilizar y vigilar los objetos de culto, y a obtener la repatriación de restos humanos.

Los Estados <u>adoptarán medidas eficaces</u>, junto con los pueblos indígenas interesados, para <u>asegurar que se mantengan, respeten y protejan los lugares sagrados de los pueblos indígenas, en particular sus cementerios</u>.

Versión del Consejo de Derechos Humanos (CDH) 2006

Artículo 13

Los pueblos indígenas tienen derecho a manifestar, <u>practicar</u>, desarrollar y enseñar sus tradiciones, costumbres y ceremonias espirituales y religiosas; a mantener y proteger sus lugares religiosos y culturales y a acceder a ellos privadamente; a utilizar y vigilar <u>sus</u> objetos de culto, y a obtener la repatriación de <u>sus</u> restos humanos.

Los Estados <u>procuraran facilitar el acceso y/o la repatriación de objetos de culto y de restos humanos que posean mediante mecanismos justos, transparentes y eficaces establecidos conjuntamente con</u> los pueblos indígenas interesados.

Versión de la Asamblea General (AG) 2007

Artículo 12

1. Los pueblos indígenas tienen derecho a manifestar, <u>practicar</u>, desarrollar y enseñar sus tradiciones, costumbres y ceremonias espirituales y religiosas; a mantener y proteger sus lugares religiosos y culturales y a acceder a ellos privadamente; a utilizar y controlar <u>sus</u> objetos de culto, y a obtener la repatriación de <u>sus</u> restos humanos.

2. Los Estados <u>procurarán facilitar el acceso y/o la repatriación de objetos de culto y de restos humanos que posean mediante mecanismos justos, transparentes y eficaces establecidos conjuntamente</u> con los pueblos indígenas interesados.

En el primer párrafo del artículo, el agregar la palabra *sus* señala que los pueblos indígenas tienen que mostrar pruebas: ¿son los objetos de culto y los restos humanos "suyos" – nuestros– o no? Por ejemplo, cuando las Naciones Indígenas nómadas intentan reclamar la repatriación de restos humanos y objetos de culto que se encuentran en las Grandes Llanuras del Norte de América del Norte, el estado utiliza argumentos en relación a pruebas de pertenencia a un pueblo o de propiedad. Esta dificultad impuesta por el estado ha provocado que muchos restos humanos y objetos de culto continúen guardados en armarios y cajas en universidades y museos, a pesar de que las Naciones Indígenas solicitan el derecho a enterrar los restos según sus costumbres y culturas tradicionales, así como el derecho a proteger los objetos de culto. Probar que los restos u objetos de culto son "suyos", cuando hay muchas Naciones Indígenas nómadas en las Grandes Llanuras del Norte, y cuando estos restos y objetos tienen cientos de años en algunos casos, es extremadamente difícil. El estado no tiene "derecho" a seguir reteniendo dichos restos u objetos, ya que los pueblos indígenas quieren rendirles dignidad y respeto.

El significado y la fuerza del segundo párrafo original del artículo 13 *"Los Estados adoptarán medidas eficaces ..."* fueron completamente borrados por los segundos párrafos de las versiones del CDH y de la AG. Es la palabra *procurarán* que destruye este propósito. Hay una gran diferencia entre "tomar medidas eficaces" y "procurarán facilitar el acceso y/o la repatriación." Una representa una acción contundente, mientras que la otra podría o no ser una acción.

Finalmente, en el segundo párrafo de las versiones modificadas de los textos de la CDH y de la AG se aborda únicamente el "acceso y/o repatriación" de objetos y restos humanos en posesión del estado. Este párrafo no se refiere a objetos o restos humanos en posesión de particulares o de instituciones privadas. En otras palabras, no menciona el cómo implementar el derecho de los pueblos indígenas a que **TODOS** sus objetos de culto y restos humanos sean devueltos o repatriados.

Texto original de la Sub-comisión 1994

Artículo 14

Los pueblos indígenas tienen derecho a revitalizar, utilizar, desarrollar y transmitir a las generaciones futuras sus historias, idiomas, tradiciones orales, filosofías, sistemas de escritura y literaturas, y a atribuir nombres a sus comunidades, lugares y personas y mantenerlos.

Los Estados adoptarán medidas eficaces para garantizar, <u>cuando se vea amenazado cualquiera de los derechos de los pueblos indígenas</u>, la protección de ese derecho y también para asegurar que <u>los pueblos indígenas</u>[1] puedan entender y hacerse entender en las actuaciones políticas, jurídicas y administrativas, proporcionando para ello, cuando sea necesario, servicios de interpretación u otros medios adecuados.

Versión del Consejo de Derechos Humanos (CDH) 2006

Artículo 14

Los pueblos indígenas tienen derecho a revitalizar, utilizar, fomentar y transmitir a las generaciones futuras sus historias, idiomas, tradiciones orales, filosofías, sistemas de escritura y literaturas, y a atribuir nombres a sus comunidades, lugares y personas y mantenerlos.

Los Estados adoptarán medidas eficaces para garantizar la protección de ese derecho y también para asegurar que los <u>pueblos indígenas</u> puedan entender y hacerse entender en las actuaciones políticas, jurídicas y administrativas, proporcionando para ello, cuando sea necesario, servicios de interpretación u otros medios adecuados.

---

1   En la versión del libro en inglés, dice 'ellos', en la traducción oficial al español se ha colocado 'los pueblos indígenas'. Este cambio no altera el sentido del artículo.

Artículo 13

1. Los pueblos indígenas tienen derecho a revitalizar, utilizar, fomentar y transmitir a las generaciones futuras sus historias, idiomas, tradiciones orales, filosofías, sistemas de escritura y literaturas, y a atribuir nombres a sus comunidades, lugares y personas, así como a mantenerlos.

2. Los Estados adoptarán medidas eficaces para asegurar la protección de ese derecho y también para asegurar que los <u>pueblos indígenas</u> puedan entender y hacerse entender en las actuaciones políticas, jurídicas y administrativas, proporcionando para ello, cuando sea necesario, servicios de interpretación u otros medios adecuados.

No hubo cambios en el primer párrafo.

Sin embargo, en todas las versiones de este artículo, el segundo párrafo está escrito como una ley, pero, no tiene disposiciones para su aplicación.

Además, la frase cuando se vea amenazado cualquiera de los derechos de los pueblos indígenas ha sido eliminada en las versiones de la CDH y de la AG. Al eliminar esta frase del segundo párrafo, el artículo pierde su fuerza como directiva para los estados. En el texto original, esta frase convoca a los estados a tomar medidas efectivas y proactivas para evitar que ocurran daños.

La palabra *ellos* en el punto 2 (versión GA) también fue cambiada por *los pueblos indígenas*[2].

---

2   Véase pie de página 11.

Texto original de la Sub-comisión 1994

Artículo 15

Los niños indígenas tienen derecho a todos los niveles y formas de educación del Estado. Todos los pueblos indígenas también tienen este derecho y el derecho a establecer y controlar sus sistemas e instituciones docentes impartiendo educación en sus propios idiomas y en consonancia con sus métodos culturales de enseñanza y aprendizaje.

Los niños indígenas que viven fuera de sus comunidades tienen derecho de acceso a la educación en sus propios idiomas y culturas.

Los Estados adoptarán medidas eficaces para asegurar suficientes recursos a estos fines.

Versión del Consejo de Derechos Humanos (CDH) 2006

Artículo 15

Los pueblos indígenas tienen derecho a establecer y controlar sus sistemas e instituciones docentes que impartan educación en sus propios idiomas, en consonancia con sus métodos culturales de enseñanza y aprendizaje. Las personas indígenas[3] en particular los niños, tienen derecho a todos los niveles y formas de educación del Estado sin discriminación.

Los Estados adoptarán medidas eficaces, junto con los pueblos indígenas, para que las personas indígenas, en particular los niños, incluidos los que viven fuera de sus comunidades, tengan acceso, cuando sea posible, a la educación en su propia cultura y en su propio idioma.

---

3   En la versión del libro en inglés, dice 'indigenous individuals' en vez de 'personas indígenas'. Este cambio no altera el significado de la traducción del artículo.

Versión de la Asamblea General (AG) 2007

Artículo 14

1. Los pueblos indígenas tienen <u>derecho</u> a establecer y controlar sus sistemas e instituciones docentes que impartan educación en sus propios idiomas, en consonancia con sus métodos culturales de enseñanza y aprendizaje.

2. Los indígenas[4], en particular los niños, tienen derecho a todos los niveles y formas de educación del Estado sin discriminación.*

3. Los Estados adoptarán medidas eficaces, conjuntamente con los pueblos indígenas, para que las personas indígenas, en particular los niños, incluidos los que viven fuera de sus comunidades, tengan acceso, cuando sea posible, a la educación en su propia cultura y en su propio idioma.

El artículo 15 original se refería específicamente a los derechos de los niños. La primera oración del texto original se ha convertido en la segunda oración en la nueva versión. Se incorporaron dos cambios al cambiar la oración: las palabras *los individuos indígenas, en particular los niños*, se convirtieron en el nuevo sujeto, y ahora la oración termina con las palabras *sin discriminación.*

La segunda oración del primer párrafo del texto original se convirtió en la primera oración en las versiones del CDH y de la AG. Al eliminar la palabra *todos*, la oración comienza con *los pueblos indígenas*.

Sin embargo, la oración final (el punto 3 en la versión AG) cambia completamente el significado del texto original. El texto original establecía tres derechos: el derecho de los niños indígenas a ser educados en todos los niveles en las escuelas y universidades estatales; el derecho de los pueblos indígena s a establecer nuestros propios sistemas de educación; y el derecho de los niños indígenas, que viven fuera de sus comunidades, a tener acceso a la educación en su propia cultura

---

4   En la versión del libro en inglés, dice 'indigenous individuals' en vez de 'indígenas'. Este cambio no altera el significado de la traducción del artículo.

y en su propio idioma. Este tercer derecho ya no está expresado como un derecho: el derecho ha sido eliminado.

En cambio, según el tercer punto, son los estados que "adoptarán medidas eficaces, conjuntamente con los pueblos indígenas, para que las personas indígenas, en particular los niños, ... tengan acceso, cuando sea posible, a la educación en su propia cultura y en su propio idioma".

En vez de proporcionar recursos apropiados para los tres derechos mencionados originalmente, como el texto original pretendía hacerlo en la última oración, la nueva formulación de la frase final vuelve a poner a los pueblos indígenas, en materia de educación, bajo el control de los estados. Los pueblos indígenas no tienen el control. Los estados están a cargo, a pesar de que se les recuerda que actúen "conjuntamente con los pueblos indígenas". Esto demuestra otra forma de asimilación forzada. Asimismo, se presupone que los pueblos indígenas no tenemos la capacidad de educar a nuestros hijos en nuestra propia cultura e idioma. Esta es otra forma de sometimiento forzado y de colonización de parte del Estado.

Texto original de la Sub-comisión 1994

Artículo 16

Los pueblos indígenas tienen derecho[5] a que la dignidad y diversidad de sus culturas, tradiciones, historias y aspiraciones queden debidamente reflejadas en todas las formas de educación e información pública. Los Estados adoptarán medidas eficaces, en consulta con los pueblos indígenas interesados, para eliminar los prejuicios y la discriminación y promover la tolerancia, la comprensión y las buenas relaciones entre los pueblos indígenas y todos los sectores de la sociedad.

---

5   En la versión del libro en inglés, el fraseo es diferente, dice: 'Indigenous peoples have the right to have the dignity...', en la traducción oficial al español se colocó: 'Los pueblos indígenas tienen derecho...'. Se hace mención de este cambio ya que, en el análisis realizado por la autora, el cambio en la frase es de importancia.

Versión del Consejo de Derechos Humanos (CDH) 2006

Artículo 16

Los pueblos indígenas tienen derecho a que la dignidad y diversidad de sus culturas, tradiciones, historias y aspiraciones, <u>queden debidamente</u> reflejadas en la educación pública y los medios de información públicos.

Los Estados adoptarán medidas eficaces, en consulta y <u>cooperación</u> con los pueblos indígenas interesados, para <u>combatir</u> los prejuicios y <u>eliminar</u> la discriminación y promover la tolerancia, la comprensi6n y las buenas relaciones entre los pueblos indígenas y todos <u>los demás</u> sectores de la sociedad.

Versión de la Asamblea General (AG) 2007

Artículo 15

1. Los pueblos indígenas tienen derecho a que la dignidad y diversidad de sus culturas, tradiciones, historias y aspiraciones <u>queden debidamente</u> reflejadas en la educación y la información pública.

2. Los Estados adoptarán medidas eficaces, en consulta <u>y cooperación</u> con los pueblos indígenas interesados, para <u>combatir</u> los prejuicios y <u>eliminar</u> la discriminación y promover la tolerancia, la comprensión y las buenas relaciones entre los pueblos indígenas y todos <u>los demás</u> sectores de la sociedad.

En el primer párrafo, los cambios hechos al artículo original 16 debilitan su significado de varias formas. La eliminación de la palabra *'tener'* después de *'derecho a'* elimina la acción del artículo. Lo que queda, tiene un significado muy diferente. Sí, tenemos el derecho a la dignidad y a la diversidad de nuestras culturas. Pero también tenemos el derecho a **TENER** la dignidad y diversidad de nuestras culturas reflejadas en todas las formas de educación y de medios de información pública. Sin esa acción, nos convertimos en "gente invisible".

En segundo lugar, las palabras *'que queden'* señalan el ejercicio del derecho en el futuro, cuando debe ser ahora, en el presente. Eliminar las palabras *'todas las formas'* debilita significativamente la intención del primer párrafo.

En el punto 2 de la versión de la AG, al agregar las palabras *'y cooperación'* limita la intención del derecho. ¿Cómo se define la cooperación?

Finalmente, ¿cómo el estado va a "combatir" los prejuicios? Los prejuicios son parte de un proceso mental, no son acciones. La discriminación, la acción, es lo que deriva del pensamiento. Por lo tanto, ambos deben ser eliminados conjuntamente.

Texto original de la Sub-comisión 1994

Artículo 17

Los pueblos indígenas tienen derecho a establecer sus propios medios de información en sus propios idiomas. <u>También tienen derecho a acceder, en pie de igualdad</u>, a todos los demás medios de información no indígenas. Los Estados adoptarán medidas eficaces para asegurar que los medios de información estatales reflejen debidamente la diversidad cultural indígena.

Versión del Consejo de Derechos Humanos (CDH) 2006

Artículo 17

Los pueblos indígenas tienen derecho a establecer sus propios medios de información en sus propios idiomas y a acceder a todos los demás medios de información no indígenas <u>sin discriminación alguna</u>.

Los Estados adoptarán medidas eficaces para asegurar que los medios de información públicos reflejen debidamente la diversidad cultural indígena. <u>Los Estados, sin perjuicio de la obligación de asegurar plenamente la libertad de expresión, deberán alentar a los medios de comunicación privados a reflejar debidamente la diversidad cultural indígena.</u>

Versión de la Asamblea General (AG) 2007

Artículo 16

1. Los pueblos indígenas tienen derecho a establecer sus propios medios de información en sus propios idiomas <u>y a acceder</u> a todos los demás medios de información no indígenas <u>sin discriminación</u>.

2. Los Estados adoptarán medidas eficaces para asegurar que los medios de información públicos reflejen debidamente la diversidad cultural indígena. <u>Los Estados, sin perjuicio de la obligación de asegurar plenamente la libertad de expresión, deberán alentar a los medios de información privados a reflejar debidamente la diversidad cultural indígena</u>.

En el primer párrafo de las versiones del CDH y de la AG (segundo párrafo del texto original), la eliminación de las palabras *'en pie de igualdad'* en la segunda oración, cambian el significado del derecho. Actualmente, los pueblos indígenas pueden tener acceso a todas las formas de medios de información no-indígenas, pero eso no significa que tengamos el mismo acceso. Agregar las palabras *'sin discriminación'* no significa lo mismo que "acceso igualitario".

Las recomendaciones dadas a los estados en todas las versiones no son parte del derecho, son directivas a los estados. ¿Quién hará cumplir estas directivas?

Texto original de la Sub-comisión 1994

Artículo 18

Los pueblos indígenas tienen derecho a disfrutar plenamente de todos los derechos establecidos en el derecho <u>laboral</u> internacional y en la <u>legislación</u> laboral <u>nacional</u>.

Las personas indígenas tienen derecho a no ser sometidas a condiciones discriminatorias de trabajo, empleo o salario.

Versión del Consejo de Derechos Humanos (CDH) 2006

Artículo 18

Las personas y los pueblos indígenas tienen derecho a disfrutar plenamente de todos los derechos establecidos en el derecho laboral internacional y nacional aplicable.

Los Estados, en consulta y cooperación con los pueblos indígenas, tomaran medidas específicas para proteger a los niños indígenas contra la explotación económica y contra todo trabajo que pueda resultar peligroso o interferir en la educación del niño, o que pueda ser perjudicial para la salud o el desarrollo físico, mental, espiritual, moral o social del niño, teniendo en cuenta su especial vulnerabilidad y la importancia de la educación para el pleno ejercicio de sus derechos.

Las personas indígenas tienen derecho a no ser sometidas a condiciones discriminatorias de trabajo, entre otras cosas, empleo o salario.

Versión de la Asamblea General (AG) 2007

Artículo 17

1. Los individuos y los pueblos indígenas tienen derecho a disfrutar plenamente de todos los derechos establecidos en el derecho laboral internacional y nacional aplicable.

2. Los Estados, en consulta y cooperación con los pueblos indígenas, tomarán medidas específicas para proteger a los niños indígenas contra la explotación económica y contra todo trabajo que pueda resultar peligroso o interferir en la educación de los niños, o que pueda ser perjudicial para la salud o el desarrollo físico, mental, espiritual, moral o social de los niños, teniendo en cuenta su especial vulnerabilidad y la importancia de la educación para empoderarlos.

3. Las personas indígenas tienen derecho a no ser sometidas a condiciones discriminatorias de trabajo y, entre otras cosas, de empleo o salario.

La primera oración de este artículo fue cambiada se agregó la palabra individuos. La palabra aplicable se agregó para condicionar el derecho laboral nacional e internacional. La adición de la palabra aplicable limita los derechos indígenas en dos circunstancias comunes: (1) cuando un estado no es u n país signatario de las leyes laborales internacionales; y (2) cuando las leyes laborales nacionales de los estados no brindan protección específica para los pueblos indígenas.

En el punto 2 en la versión de la AG fue agregado como segundo párrafo. Si bien éste protege a los niños indígenas, es un mandato para los estados: "Los Estados, en consulta y cooperación con los pueblos indígenas, tomarán medidas específicas..." Nuevamente, ¿cómo se hará cumplir este mandato? Como un derecho, el punto 2 debería haber indicado: "Los niños indígenas tienen derecho a la protección de..." y luego incorporar el resto de la oración. Tal como está escrito, el texto no dice nada sobre los derechos de los niños indígenas. En cambio, una vez más, el texto modificado coloca a los niños indígenas bajo la tutela del estado.

Texto original de la Sub-comisión 1994

Artículo 19

Los pueblos indígenas tienen derecho a participar <u>plenamente, si lo desean, en todos los niveles de</u> adopción de decisiones, en las cuestiones <u>que afecten</u>[6] a sus derechos, <u>vidas y destinos</u>, por conducto de representantes elegidos por ellos de conformidad con sus propios procedimientos, así como a mantener y desarrollar sus propias instituciones de adopción de decisiones.

---

6   En la versión del libro en inglés, dice: 'which may affect...' en el texto de la sub-comisión; y dice: 'which would affect...' en las versiones de la CDH y en la de la Asamblea General. En los tres documentos oficiales en español se ha traducido 'which may affect' y 'which would affect' como 'que afecten'. Se menciona esta variación ya que es de relevancia en el análisis de la autora.

Versión del Consejo de Derechos Humanos (CDH) 2006

Artículo 19

Los pueblos indígenas tienen derecho a participar en la adopción de decisiones en las cuestiones <u>que afecten</u> a sus derechos, por conducto de representantes elegidos por ellos de conformidad con sus propios procedimientos, así como a mantener y desarrollar sus propias instituciones de adopción de decisiones.

Versión de la Asamblea General (AG) 2007

Artículo 18

Los pueblos indígenas tienen derecho a participar en la adopción de decisiones en las cuestiones <u>que afecten</u> a sus derechos, por conducto de representantes elegidos por ellos de conformidad con sus propios procedimientos, así como a mantener y desarrollar sus propias instituciones de adopción de decisiones.

Las palabras *'plenamente, si lo desean, en todos los niveles de'* fueron eliminadas, lo que obviamente limita el derecho. Cambiar las palabras *'que puedan afectar'* a *'que afecten'* también altera el significado de artículo. Usar *'que afecten'* niega la anticipación, y limita el derecho a la participación indígena en la toma de decisiones a momentos cuando ya estos procesos ya están bastante avanzados, es decir, cuando los derechos de los pueblos indígenas están claramente en peligro.

Además, el eliminar las palabras *'vidas y destinos'* es muy limitante para el derecho.

Texto original de la Sub-comisión 1994

Artículo 20

<u>Los pueblos indígenas tienen derecho a participar plenamente, si lo desean, mediante procedimientos determinados por ellos, en la elaboración</u> de las medidas legislativas y administrativas que les afecten.

<u>Los Estados obtendrán</u> el consentimiento, expresado libremente y con pleno conocimiento, de los <u>pueblos interesados</u> antes de adoptar y aplicar esas medidas.

Versión del Consejo de Derechos Humanos (CDH) 2006

Artículo 20

<u>Los Estados celebraran consultas y cooperaran de buena fe con los pueblos indígenas interesados por medio de sus instituciones representativas</u> antes de adoptar y aplicar medidas legislativas y administrativas que los afecten, para obtener su consentimiento libre, <u>previo</u> e informado.

Versión de la Asamblea General (AG) 2007

Artículo 19

<u>Los Estados celebrarán consultas y cooperarán de buena fe con los pueblos indígenas interesados por medio de sus instituciones representativas</u> antes de adoptar y aplicar medidas legislativas o administrativas que los afecten, a <u>fin de obtener</u> su consentimiento libre, <u>previo</u> e informado.

La nueva versión de la AG reemplaza el derecho de los pueblos indígenas por un mandato a los estados. El mandato es, en sí mismo, muy peligroso, ya que no nos permite, a los pueblos indígenas, ejercer el derecho de elaborar nuestra propia legislación. Asimismo, este mandato podría imponer más leyes a través de las instituciones establecidas por los estados.

Texto original de la Sub-comisión 1994

Artículo 21

Los pueblos indígenas tienen derecho a mantener y desarrollar sus sistemas políticos, económicos y sociales, a que se les asegure el disfrute de sus propios medios de subsistencia y desarrollo y a dedicarse libremente a todas sus actividades económicas tradicionales y de otro tipo. Los pueblos indígenas <u>que han sido</u> desposeídos de sus medios de subsistencia y desarrollo tienen derecho a una <u>indemnización</u> justa y equitativa.

Versión del Consejo de Derechos Humanos (CDH) 2006

Artículo 21

Los pueblos indígenas tienen derecho a mantener y desarrollar sus sistemas o <u>instituciones</u> políticos, económicos y sociales, a que se les asegure el disfrute de sus propios medios de subsistencia y desarrollo y a dedicarse libremente a todas sus actividades económicas tradicionales y de otro tipo.

Los pueblos indígenas desposeídos de sus medios de subsistencia y desarrollo tienen derecho a una <u>reparación</u> justa y equitativa.

Versión de la Asamblea General (AG) 2007

Artículo 20

1. Los pueblos indígenas tienen derecho a mantener y desarrollar sus sistemas <u>o instituciones</u> políticos, económicos y sociales, a disfrutar de forma segura de sus propios medios de subsistencia y desarrollo, y a dedicarse libremente a todas sus actividades económicas tradicionales y de otro tipo.

2. Los pueblos indígenas desposeídos de sus medios de subsistencia y desarrollo tienen derecho a una <u>reparación</u> justa y equitativa.

La primera oración de este artículo modificado agrega las palabras *o instituciones*. Esto es redundante.

Sin embargo, los cambios en la segunda oración agregan una cierta ambigüedad que no es de ayuda para los pueblos indígenas. Al eliminar las palabras *'que han sido'*, se niega todas las acciones pasadas en las que los pueblos indígenas han sido despojados "de sus medios de subsistencia y desarrollo". ¿El texto modificado se refiere solamente a las acciones actuales?

En la mayoría de los casos, los pueblos indígenas tenemos un vínculo con nuestros medios de subsistencia que va más allá del sentido material. Cuando a los pueblos indígenas se les niega este vínculo, dejamos de ser lo que somos. Tal cómo ha sido re-escrita esta oración, permitiría a algunos estados considerar que este artículo sólo se aplica a la actualidad, cuando, de hecho, las acciones pasadas han afectado los tiempos actuales. Este tipo de interpretación podría conducir a un mayor deterioro del derecho.

Finalmente, la palabra *indemnización* fue cambiada por *reparación*. Dar vacas a los pueblos del búfalo no es una reparación. Una indemnización justa y equitativa proporcionaría búfalos a los pueblos del búfalo y la tierra que necesitamos para obtener la independencia económica. ¿Es el propósito de los estados privarnos continuamente, a los pueblos indígenas, de nuestra independencia económica y mantenernos dependientes del estado?

¿Es esto lo que está detrás de este artículo?

Texto original de la Sub-comisión 1994

Artículo 22

Los pueblos indígenas tienen derecho a <u>medidas especiales para la mejora inmediata, efectiva y continua</u> de sus condiciones económicas y sociales, comprendidas las esferas del empleo, la capacitación y el perfeccionamiento profesionales, la vivienda, el saneamiento, la salud y la seguridad social.

Se prestará particular atención a los derechos y necesidades especiales de ancianos, mujeres, jóvenes, niños e <u>impedidos</u> indígenas.

Versión del Consejo de Derechos Humanos (CDH) 2006

Artículo 22

Los pueblos indígenas tienen derecho, <u>sin discriminación</u> alguna, al mejoramiento de sus condiciones económicas y sociales, <u>entre otras esferas</u>, en la <u>educación</u>, el empleo, la capacitación y el readiestramiento profesionales, la vivienda, el saneamiento, la salud y la seguridad social.

<u>Los Estados adoptarán medidas eficaces y, cuando proceda, medidas especiales para asegurar el mejoramiento continuo de sus condiciones económicas y sociales</u>. Se prestará particular atención a los derechos y necesidades especiales de los ancianos, las mujeres, los jóvenes, los niños y las personas con <u>discapacidades</u> indígenas.

Versión de la Asamblea General (AG) 2007

Artículo 21

1. Los pueblos indígenas tienen derecho, <u>sin discriminación</u>, al mejoramiento de sus condiciones económicas y sociales, <u>entre otras esferas</u>, en la <u>educación</u>, el empleo, la capacitación y el readiestramiento profesionales, la vivienda, el saneamiento, la salud y la seguridad social.

2. <u>Los Estados adoptarán medidas eficaces y, cuando proceda, medidas especiales para asegurar el mejoramiento continuo de sus condiciones económicas y sociales</u>. Se prestará particular atención a los derechos y necesidades especiales de los ancianos, las mujeres, los jóvenes, los niños y las personas <u>con discapacidad</u> indígenas.

El cambiar *'medidas especiales'* a *'sin discriminación'* alteró drásticamente la intención y el significado del artículo 22. El texto original y las otras versiones tienen dos significados completamente diferentes. El artículo original 22 ser refiere al derecho de los pueblos indígenas a "medidas especiales" para reparar y compensar los daños heredados. En muchos casos, las acciones de los estados colonizadores han debilitado profundamente las condiciones económicas y sociales de los pueblos indígenas, es así que muchos pueblos indígenas viven actualmente en condiciones de pobreza extrema y con muy pocas opciones de empleo disponibles. Las palabras *'sin discriminación'* destruyen completamente este derecho.

Una segunda frase fue agregada en las versiones del CDH (Artículo 22) y en la de la AG (Artículo 21) como un mandato a los estados y no como la afirmación de un derecho. ¿Quién hará cumplir este mandato?

El cambio en la última oración del párrafo 2 (versión de la AG) refleja un cambio general del uso de *'con discapacidades'* en vez de *'impedidos'*.

Nota: Se observa una repetición en las versiones del CDH y de la AG: la última oración del párrafo 2 se convertirá también en la primera oración del artículo 22bis de CDH y del artículo 22 de la AG.

Texto original de la Sub-comisión 1994

Sin artículo

[Nada fue escrito en el texto original.]

Versión del Consejo de Derechos Humanos (CDH) 2006

Artículo 22bis

Se prestará particular atención a los derechos y necesidades especiales de los ancianos, las mujeres, los jóvenes, los niños y las personas con discapacidades indígenas en la aplicación de la presente Declaración.

Los Estados adoptarán medidas, junto con los pueblos indígenas, para asegurar que las mujeres y los niños indígenas gocen de protección y garantías plenas contra todas las formas de violencia y discriminación.

Versión de la Asamblea General (AG) 2007

Artículo 22

1. <u>En la aplicación de la presente Declaración se prestará particular atención a los derechos y necesidades especiales de los ancianos, las mujeres, los jóvenes, los niños y las personas con discapacidad indígenas.</u>

2. <u>Los Estados adoptarán medidas, conjuntamente con los pueblos indígenas, para asegurar que las mujeres y los niños indígenas gocen de protección y garantías plenas contra todas las formas de violencia y discriminación.</u>

Nuevamente, la primera oración en el artículo 22 de la AG es la misma que la última oración del artículo 21 de la AG.

En el artículo 22, ambas oraciones son mandatos, aunque en el punto 1 (de la versión de la AG) no se señala quién prestará "particular atención". Como está escrito actualmente, el artículo no declara un derecho, sino que presenta un mandato a alguien –¿a quién? – y a los estados. ¿Quién hará cumplir este mandato?

¿Dónde está el derecho de las personas indígenas con discapacidades?

Escrito como un derecho, diría: "Los derechos y las necesidades especiales de los ancianos, las mujeres, los jóvenes, los niños y las personas con discapacidades indígenas serán protegidos contra todas las formas de violencia y discriminación".

Texto original de la Sub-comisión 1994

Artículo 23

Los pueblos indígenas tienen derecho a determinar y a elaborar prioridades y estrategias para el ejercicio de su derecho al desarrollo. En particular, los pueblos indígenas tienen derecho a <u>determinar y elaborar todos</u> los programas de salud, vivienda y demás programas económicos y sociales que les afecten y, en lo posible, a administrar esos programas mediante sus propias instituciones.

Versión del Consejo de Derechos Humanos (CDH) 2006

Artículo 23

Los pueblos indígenas tienen derecho a determinar y a elaborar prioridades y estrategias para el ejercicio de su derecho al desarrollo. En particular, los pueblos indígenas tienen derecho a participar activamente en la elaboración y determinación de los programas de salud, vivienda y demás programas económicos y sociales que les conciernan y, en lo posible, a administrar esos programas mediante sus propias instituciones.

Versión de la Asamblea General (AG) 2007

Artículo 23

Los pueblos indígenas tienen derecho a determinar y a elaborar prioridades y estrategias para el ejercicio de su derecho al desarrollo. En particular, los pueblos indígenas tienen derecho a <u>participar activamente en la elaboración y determinación</u> de los programas de salud, vivienda y demás programas económicos y sociales que les conciernan y, en lo posible, a administrar propias instituciones.

En la segunda oración de la versión de la AG, las palabras *'a determinar y elaborar todos'* del texto original fueron cambiadas a *'participar activamente en la elaboración y determinación'*. Este cambio en la redacción tiene un significado diferente y anula el derecho. Un estado podría tomar una decisión y hacer que la gente participe activamente. Sin embargo, es el estado quien tomaría la decisión y controlaría el desarrollo de acuerdo a sus valores, mandatos y normas, y no de acuerdo con los valores, mandatos y normas de los pueblos indígenas.

La eliminación de la palabra *'todos'* en la versión de la AG destaca la agenda de los estados de querer mantener el control sobre los pueblos indígenas en áreas claves de la vida cotidiana y de restringir nuestra autoridad en relación a la libre determinación. Las áreas mencionadas: "salud, vivienda y demás programas económicos y sociales" deben estar bajo la responsabilidad de las naciones y de sus sistemas soberanos de gobierno: en este caso, de las Naciones Indígenas.

Texto original de la Sub-comisión 1994

Artículo 24

Los pueblos indígenas tienen derecho a sus propias medicinas y prácticas de salud tradicionales, incluido el <u>derecho a la protección de plantas</u>, animales y minerales de interés vital desde el punto de vista médico.

También tienen derecho de acceso, sin discriminación alguna, a todas las <u>instituciones de sanidad</u> y los servicios de salud y <u>atención médica</u>.

Versión del Consejo de Derechos Humanos (CDH) 2006

Artículo 24

Los pueblos indígenas tienen derecho a sus propias medicinas tradicionales y <u>a mantener</u> sus prácticas de salud, incluida la <u>conservación de sus plantas</u>, animales y minerales de interés vital desde el punto de vista médico. <u>Las personas indígenas</u> también tienen derecho de acceso, sin discriminación alguna, a todos los servicios <u>sociales</u> y de salud.

<u>Las personas indígenas tienen derecho a disfrutar por igual del nivel más alto posible de salud física y mental. Los Estados tomaran las medidas que sean necesarias para lograr progresivamente la plena realización de este derecho.</u>

Versión de la Asamblea General (AG) 2007

Artículo 24

1. Los pueblos indígenas tienen derecho a sus propias medicinas tradicionales y <u>a mantener</u> sus prácticas de salud, incluida la <u>conservación de sus</u> plantas medicinales, animales y minerales de interés vital. <u>Las personas indígenas</u> también tienen derecho de acceso, sin discriminación alguna, a todos los servicios sociales y de salud.

2. <u>Las personas indígenas tienen igual derecho a disfrutar del nivel más alto posible de salud física y mental. Los Estados tomarán las medidas que sean necesarias para lograr progresivamente que este derecho se haga plenamente efectivo.</u>

Al agregar las palabras *'a mantener'* se limita el derecho. Los pueblos indígenas tenemos derecho a nuestras prácticas tradicionales médicas y de salud. Si elegimos mantenerlas es nuestra decisión.

El cambio de las palabras *'el derecho a la protección de'* por las palabras *'la conservación de sus'* también cambia el significado del derecho. Algunas de las medicinas están siendo destruidas por prácticas aprobadas por el estado. ¿Cómo pueden los pueblos indígenas conservar las plantas, cuando lo que realmente necesitan las plantas es estar protegidas?

La segunda oración cambia el derecho para que sea aplicable a las personas, y no al colectivo. La palabra *'sociales'* también fue agregada al referirse a los servicios. Esta palabra no fue incluida por los pueblos indígenas. Los "servicios sociales" tienen un significado perjudicial y negativo para muchos pueblos indígenas debido a la larga y persistente historia de las agencias estatales de servicios sociales que diseñan estrategias para quitarnos a nuestros hijos y destruir nuestras familias.

El punto 2 en las versiones del CDH y de la AG es nuevo y podría interpretarse subjetivamente. ¿Quién determinará qué se entiende por "el nivel más alto posible de salud física y mental"? Esto podría ser algo positivo para los pueblos indígenas si se nos permitiese determinar qué se entiende por "el nivel más alto posible de salud física y mental". Para nosotros, "el nivel más alto posible de salud física y mental" podría ser entendido como el retorno a nuestros propios valores y forma de vida.

Una vez más, la oración que fue agregada al final es un mandato para los estados, son ellos los que deben implementar este derecho, sin embargo, no se menciona cómo se hará cumplir.

Texto original de la Sub-comisión 1994

Artículo 25

Los pueblos indígenas tienen derecho a mantener y fortalecer su propia relación espiritual <u>y material</u> con sus tierras, territorios, aguas, mares costeros y otros recursos <u>que</u> tradicionalmente han poseído u ocupado o utilizado de otra forma y a asumir las responsabilidades que a ese propósito les incumben respecto de las generaciones venideras.

Versión del Consejo de Derechos Humanos (CDH) 2006

Artículo 25

Los pueblos indígenas tienen derecho a mantener y fortalecer su propia relación espiritual con las tierras, territorios, aguas, mares costeros y otros recursos que <u>tradicionalmente han poseído u ocupado y utilizado de otra forma y</u> a asumir las responsabilidades que a ese propósito les incumben respecto de las generaciones venideras.

Versión de la Asamblea General (AG) 2007

Artículo 25

Los pueblos indígenas tienen derecho a mantener y fortalecer su propia relación espiritual con las tierras, territorios, aguas, mares costeros y otros recursos que <u>tradicionalmente han poseído u ocupado y utilizado y</u> a asumir las responsabilidades que a ese respecto les incumben para con las generaciones venideras.

Al eliminar las palabras *'y material'* no sólo cambia el significado de este artículo, sino que también muestra la gran diferencia entre el pensamiento indígena y el no indígena en relación a la espiritualidad. Por ejemplo, los lugares sagrados no son lo mismo que las iglesias. La relación material es más que estar en presencia o sujetando un objeto material. La relación espiritual es una relación que debe mantenerse para la buena salud de ambos participantes –el objeto y la persona. Es una interacción de doble sentido, una relación, que es beneficiosa para ambos. Eliminar la palabra *'material'* muestra claramente la total falta de comprensión de la espiritualidad indígena. El derecho ha sido disminuido considerablemente con la eliminación de estas palabras.

Texto original de la Sub-comisión 1994

Artículo 26

Los pueblos indígenas tienen derecho a <u>poseer, desarrollar, controlar y utilizar</u> sus tierras y territorios, <u>comprendido el medio ambiente total de las tierras, el aire, las aguas, los mares costeros, los hielos marinos, la flora y la fauna y los demás</u> recursos que tradicionalmente han poseído u ocupado o utilizado de otra forma. <u>Ello incluye el derecho al pleno reconocimiento de sus leyes, tradiciones y costumbres, sistemas de tenencia de la tierra e instituciones para el desarrollo y la gestión de los recursos, y el derecho a que los Estados adopten medidas eficaces para prevenir toda injerencia, usurpación o invasión en relación con estos derechos.</u>

Versión del Consejo de Derechos Humanos (CDH) 2006

Artículo 26

Los pueblos indígenas tienen derecho a las tierras, territorios y recursos que tradicionalmente han poseído, ocupado o de otra forma utilizado <u>o adquirido</u>.

Los pueblos indígenas tienen derecho a poseer, <u>utilizar</u>, desarrollar y controlar las tierras, territorios y recursos <u>que poseen en razón de la propiedad tradicional u otra forma tradicional de ocupación o utilización, así como aquellos que hayan adquirido de otra forma.</u>

Los Estados aseguraran el reconocimiento y protección jurídicos de esas tierras, territorios y recursos. Dicho reconocimiento respetara debidamente las costumbres, las tradiciones y los sistemas de tenencia de la tierra de los pueblos indígenas de que se trate.

Versión de la Asamblea General (AG) 2007

Artículo 26

1. Los pueblos indígenas tienen derecho a las tierras, territorios y recursos que tradicionalmente han poseído, ocupado o utilizado <u>o adquirido</u>.

2. Los pueblos indígenas tienen derecho a poseer, <u>utilizar</u>, desarrollar y controlar las tierras, territorios y recursos <u>que poseen en razón de la propiedad tradicional u otro tipo tradicional de ocupación o utilización, así como aquellos que hayan adquirido de otra forma.</u>

3. <u>Los Estados asegurarán el reconocimiento y protección jurídicos de esas tierras, territorios y recursos. Dicho reconocimiento respetará debidamente las costumbres, las tradiciones y los sistemas de tenencia de la tierra de los pueblos indígenas de que se trate.</u>

Se han eliminado las partes subrayadas del artículo original. Los cambios en este artículo parecen ser beneficiosos para los pueblos indígenas. Sin embargo, una y otra vez en el continente norteamericano, los pueblos indígenas hemos tenido que demostrar que "poseíamos, ocupábamos o usábamos o adquirimos tradicionalmente" las tierras. Por ejemplo, la Gran Nación Sioux ocupó, en algún momento, catorce de los actuales estados de Estados Unidos y la mitad de tres provincias del sur de Canadá (ver Apéndice G: Tierras tradicionales del Oceti Sakowin). Sin embargo, se dice que los miembros de la Gran Nación Sioux que residen en Canadá huyeron de los Estados Unidos y no son considerados como pueblos aborígenes a pesar de las objeciones de nuestro pueblo frente al gobierno canadiense sobre este tema. De acuerdo con este artículo, el gobierno canadiense "asegurará el reconocimiento y protección jurídicos de esas tierras, territorios y recursos... respetará debidamente las costumbres, las tradiciones y los sistemas de tenencia de la tierra de los pueblos indígenas de que se trate". ¿Cumplirá Canadá con este artículo relacionado a las personas de la Gran Nación Sioux que viven allí? ¿Quién lo hará cumplir y garantizará estos derechos de los pueblos indígenas tal como están señalados en este artículo?

Asimismo, este artículo muestra la gran falta de comprensión del concepto de tierra de los pueblos y las Naciones Indígenas.

No solamente la Gran Nación Sioux residía en este territorio geográfico, también lo hacían otras Naciones Indígenas. Las diferentes Naciones Indígenas vivían en relaciones simbióticas. Esta es una manera muy diferente de vivir, la misma que difiere del concepto de territorio del modelo europeo, que Canadá y los Estados Unidos utilizan hoy en Norteamérica.

Las Naciones Indígenas vivían de acuerdo con la Ley Natural, ésta dictaba diferentes usos para las diferentes geografías, topografías y entornos. Incluso dentro de la Gran Nación Sioux, habían Sub-Naciones que vivían en el bosque y Sub - Naciones que vivían en las llanuras. Estas Sub -Naciones tenían estilos de vida claramente diferentes, aunque con los mismos sistemas de valores, creencias espirituales y lengua. Dentro de este mismo territorio, también residían otras Naciones Indígenas con diferentes lenguas y culturas. Sin embargo, el comercio y nuestro entendimiento de la Ley Natural mantuvieron este sistema funcionando para el beneficio mutuo de todos. Los libros escritos por autores no indígenas, quienes se encontraron por primera vez con los pueblos indígenas de América del Norte, habrían documentado únicamente el escape de las Naciones Indígenas para lograr nuestra supervivencia frente a la invasión y ocupación violenta por parte de los colonos europeo-estadounidenses.

En este artículo 26, el punto 3 de las versiones de CDH y AG es un mandato para los estados, la pregunta es, ¿quién hará cumplir este derecho si un estado se niega a "dar reconocimiento y protección jurídicos de esas tierras, territorios y recursos"?

Texto original de la Sub-comisión 1994

Sin artículo

[Nada fue escrito en el texto original.]

Versión del Consejo de Derechos Humanos (CDH) 2006

Artículo 26bis

Los Estados establecerán y aplicarán, conjuntamente con los pueblos indígenas interesados, un proceso equitativo, independiente, imparcial, abierto y transparente, en el que se reconozcan debidamente las leyes, tradiciones, costumbres y sistemas de tenencia de la tierra de los pueblos indígenas, para reconocer y adjudicar los derechos de los pueblos indígenas en relación con sus tierras, territorios y recursos, comprendidos aquellos que tradicionalmente han poseído u ocupado o utilizado de otra forma. Los pueblos indígenas tendrán derecho a participar en este proceso.

Versión de la Asamblea General (AG) 2007

Artículo 27

Los Estados establecerán y aplicaran, conjuntamente con los pueblos indígenas interesados, un proceso equitativo, independiente, imparcial, abierto y transparente, en el que se reconozcan debidamente las leyes, tradiciones, costumbres y sistemas de tenencia de la tierra de los pueblos indígenas, para reconocer y adjudicar los derechos de los pueblos indígenas en relación con sus tierras, territorios y recursos, comprendidos aquellos que tradicionalmente han poseído u ocupado o utilizado de otra forma. Los pueblos indígenas tendrán derecho a participar en este proceso.

El artículo 27 no es una declaración de un derecho, es un mandato para los estados. Manda a los estados a hacer algo. ¿Cómo se obtiene el derecho a participar en un mandato? Este tema fue continuamente señalado a los participantes durante las discusiones. Escrito como un derecho, declararía: "Los pueblos indígenas tienen derecho a un trato justo, independiente, imparcial,...".

Nuevamente, la pregunta es, ¿quién hará cumplir este derecho si un estado se niega a implementar el artículo? ¿A dónde pueden dirigirse los pueblos indígenas para hacer una denuncia cuando un estado se niega a cumplir con el mandato del artículo?

Texto original de la Sub-comisión 1994

Artículo 27

Los pueblos indígenas tienen derecho a <u>la restitución</u> de las tierras, los territorios y los recursos que tradicionalmente han poseído u ocupado o utilizado de otra forma y que les hayan sido confiscados, ocupados, utilizados o dañados sin su consentimiento expresado con libertad y pleno conocimiento. <u>Cuando esto no sea posible, tendrán derecho a una indemnización justa y equitativa</u>. Salvo que los pueblos interesados hayan convenido libremente en otra cosa, la indemnización consistirá en tierras, territorios y recursos de igual cantidad, extensión y condición jurídica.

Versión del Consejo de Derechos Humanos (CDH) 2006

Artículo 27

Los pueblos indígenas tienen derecho a la <u>reparación, por medios que pueden incluir</u> la restitución <u>o, cuando</u> ello no sea posible, una indemnización justa, imparcial <u>y equitativa</u>, por las tierras, los territorios y los recursos que tradicionalmente hayan poseído u ocupado o utilizado de otra forma y que hayan sido confiscados, tomados, ocupados, utilizados o dañados sin su consentimiento libre, previo e informado.

Salvo que los pueblos interesados hayan convenido libremente en otra cosa, la indemnización consistirá en tierras, territorios y recursos de igual calidad, extensión y condición jurídica <u>o en una indemnización monetaria u otra reparación adecuada</u>.

Versión de la Asamblea General (AG) 2007

Artículo 28

1. Los pueblos indígenas tienen derecho a la <u>reparación, por medios que pueden incluir</u> la restitución <u>o, cuando</u> ello no sea posible, una indemnización justa <u>y equitativa</u> por las tierras, los territorios y los recursos que tradicionalmente hayan poseído u ocupado o utilizado y que hayan sido confiscados, tomados, ocupados, utilizados o dañados sin su consentimiento libre, previo e informado.

2. Salvo que los pueblos interesados hayan convenido libremente en otra cosa, la indemnización consistirá en tierras, territorios y recursos de igual calidad, extensión y condición jurídica <u>o en una indemnización monetaria u otra reparación adecuada</u>.

Al sustituir la palabra *'restitución'* por *'reparación'* después de *'derecho'* el significado del artículo cambia. *Restitución* significa restaurar, devolver, restablecer. Aunque *reparación* también puede significar restaurar, corregir o rectificar, es lo que sigue en la oración, *'por medios que pueden incluir la restitución',* lo que matiza y restringe el derecho de las Naciones Indígenas a que nuestras tierras, territorios y recursos nos sean devueltos y restaurados. La devolución de la tierra se convierte en una opción entre muchas otras, en lugar de un derecho. ¿Dónde no es un derecho la devolución de la propiedad tomada –robada?

Además, ¿es posible algún tipo de reparación cuando las tierras en cuestión son sagradas? No hay reparación –ninguna cantidad de dinero o de otras tierras– que pueda compensar la tierra sagrada, el agua u otros recursos sagrados. Sólo cuando dichas propiedades sagradas sean devueltas a los pueblos indígenas afectados, ellos podrán comenzar a tratar de enmendar el daño o la profanación causados.

La frase adicional al final del punto 2 en la versión AG (también en la versión CDH) *'o en una indemnización monetaria u otra reparación adecuada',* ofrece al estado la posibilidad de permitir que se ignore la intención de la otra parte del derecho, es decir, la devolución de la tierra. Además, si a un estado se le permite determinar la compensación monetaria, existe un conflicto de intereses. Este artículo no establece quién determinará la reparación o indemnización.

Texto original de la Sub-comisión 1994

Artículo 28

Los pueblos indígenas tienen derecho a la conservación, <u>reconstitución</u> y protección del medio ambiente <u>total</u> y de la capacidad productiva de sus tierras, territorios y recursos, <u>y a recibir asistencia a tal efecto de los Estados y por conducto de la cooperación internacional. Salvo que los pueblos interesados hayan convenido libremente en ello, no se realizarán actividades militares en las tierras y territorios de los pueblos indígenas.</u>

Los Estados adoptarán medidas eficaces para garantizar que no se almacenen ni eliminen materiales peligrosos en las tierras y territorios de los pueblos indígenas.

Los Estados también adoptarán medidas eficaces para garantizar, según sea necesario, que se apliquen debidamente programas para el control, el mantenimiento y el restablecimiento de la salud de los pueblos indígenas afectados por esos materiales, programas que serán elaborados y ejecutados por esos pueblos.

Versión del Consejo de Derechos Humanos (CDH) 2006

Artículo 28

Los pueblos indígenas tienen derecho a la conservación y protección del medio ambiente y de la capacidad productiva de sus tierras o territorios y recursos. <u>Los Estados deberán establecer y ejecutar programas de asistencia a los pueblos indígenas para asegurar esa conservaci6n y protección, sin discriminación alguna.</u>

Los Estados adoptarán medidas eficaces para garantizar que no se almacenen ni eliminen materiales peligrosos en las tierras o territorios de los pueblos indígenas <u>sin su consentimiento libre, previo e informado.</u>

Los Estados también adoptarán medidas eficaces para garantizar, según sea necesario, que se apliquen debidamente programas de control, mantenimiento y restablecimiento de la salud de los pueblos indígenas afectados por esos materiales, programas que serán elaborados y ejecutados por esos pueblos.

Versión de la Asamblea General (AG) 2007

Artículo 29

1. Los pueblos indígenas tienen derecho a la conservación y protección del medio ambiente y de la capacidad productiva de sus tierras o territorios y recursos. <u>Los Estados deberán establecer y ejecutar programas de asistencia a los pueblos indígenas para asegurar esa conservación y protección, sin discriminación.</u>

2. Los Estados adoptarán medidas eficaces para asegurar que no se almacenen ni eliminen materiales peligrosos en las tierras o territorios de los pueblos indígenas <u>sin su consentimiento libre, previo e informado</u>.

3. Los Estados también adoptarán medidas eficaces para asegurar, según sea necesario, que se apliquen debidamente programas de control, mantenimiento y restablecimiento de la salud de los pueblos indígenas afectados por esos materiales, programas que serán elaborados y ejecutados por esos pueblos.

La primera oración en el punto 1 de la versión de la AG (igual a la versión del CDH) establece un derecho. El resto del artículo 29 son mandatos a los estados. Sin embargo, la eliminación de las palabras *reconstitución* y *total* proporciona una vía para que los estados ignoren sus responsabilidades, incluyendo la de responsabilizar a terceros, como por ejemplo exigir responsabilidades y el respeto de estos derechos a corporaciones.

La frase completa sobre actividades militares se ha trasladado al artículo 30 en la versión de la Asamblea General.

La adición de la palabra *'o'* después del primer uso de la palabra *'tierras'* —*los pueblos indígenas tienen derecho a la conservación y protección del medio ambiente y de la capacidad productiva de sus tierras o territorios y recursos*— impone una limitación al derecho. Las "tierras" podría significar las tierras donde residen actualmente los pueblos indígenas. Sin embargo, esto no implica necesariamente nuestro "territorio". La gente de la Gran Nación Sioux fuimos expulsados de nuestro territorio y colocados en campos de prisioneros de guerra, ahora llamadas "reservas indias". Nuestro último "territorio" es el área geográfica descrita en el Tratado de Fort Laramie de 1868.

En este caso, el estado (EE.UU.) podría "establecer y ejecutar programas de asistencia... para asegurar esa conservación y protección" de las tierras de las reservas indias, pero no necesariamente del territorio del Tratado. El uso de la palabra *'o'* permite este tipo de manipulación del derecho.

Excluir las palabras *'de la cooperación internacional'* también limita el derecho, una vez más en relación al tema de su aplicación. Los pueblos indígenas deben tener el derecho a acercarse a las agencias internacionales, así como a personas no indígenas, en búsqueda del respeto y aceptación de nuestros derechos, particularmente cuando nuestras preocupaciones en relación a las amenazas y violaciones no son escuchadas por el estado. Nuestra necesidad de asistencia de parte de otros actores que no sean el estado, es aún mayor cuando las amenazas o violaciones provienen del mismo estado.

Las palabras *'sin su consentimiento libre, previo e informado'* se agregaron al final de la tercera oración.

Finalmente, al agregar la palabra *'o'* en la frase *'que no se almacenen ni eliminen materiales peligrosos en las tierras o territorios de los pueblos indígenas'*– una vez más, limita los derechos de los pueblos indígenas a proteger el medio ambiente de nuestros territorios.

Texto original de la Sub-comisión 1994

Sin artículo

[Nada fue escrito en el texto original. Ver Artículo 28 del texto original.]

Versión del Consejo de Derechos Humanos (CDH) 2006

Artículo 28bis

No se desarrollarán actividades militares en las tierras o territorios de los pueblos indígenas, a menos que lo <u>justifique una amenaza importante para el interés público pertinente o</u> que se hayan acordado libremente con los pueblos <u>indígenas</u> interesados, o que estos <u>lo hayan solicitado</u>.

<u>Los Estados celebraran consultas eficaces con los pueblos indígenas interesados, por los procedimientos apropiados y en particular por medio de sus instituciones representativas, antes de utilizar sus tierras o territorios para actividades militares.</u>

Versión de la Asamblea General (AG) 2007

Artículo 30

1. No se desarrollarán actividades militares en las tierras o territorios de los pueblos indígenas, a menos que lo <u>justifique una razón de interés público pertinente o que se haya acordado libremente con los pueblos indígenas interesados, o que éstos lo hayan solicitado.</u>

2. <u>Los Estados celebrarán consultas eficaces con los pueblos indígenas interesados, por los procedimientos apropiados y en particular por medio de sus instituciones representativas, antes de utilizar sus tierras o territorios para actividades militares.</u>

Todo el artículo 30 de la versión de la Asamblea General (basado en el artículo 28bis de la versión del CDH) está escrito como un mandato para los estados y no como un derecho de los pueblos indígenas. El punto 1 era la segunda oración del texto original. Sin embargo, la frase agregada *'a menos que lo justifique una razón de interés público pertinente'* (modificado en la versión del CDH) califica el mandato de una manera que no es necesariamente beneficiosa para los pueblos indígenas. ¿Quién determinará qué es una "amenaza importante"? ¿Quién determinará qué es "de interés público pertinente"? La frase es muy subjetiva, ya que permite a los estados interpretar la frase de manera favorable frente a sus intereses y a expensas de los pueblos indígenas.

Además, la segunda oración en A30 (versión de la AG) permite que las "instituciones representativas" tomen decisiones en nombre de los pueblos indígenas. Esto permite que los gobiernos títeres del estado tomen las decisiones que deberían ser tomadas por las Naciones Indígenas, y así los estados puedan afirmar que cuentan con el consentimiento indígena. El consentimiento libre, previo e informado de **TODAS** las personas debe ser obtenido antes de cualquier tipo de acción.

Por ejemplo, los gobiernos títeres establecidos por los Estados Unidos durante la Segunda Guerra Mundial desplazaron a la fuerza a cientos de familias indígenas con el fin de crear recintos de bombardeo. Sus hogares y medios de vida fueron completamente destruidos en treinta días. No se les dio ninguna opción o asistencia para encontrar nuevos hogares. El ganado se vendió a precios ridículos porque no tenían ningún lugar a donde llevar sus caballos, ganado y cerdos. Los ghettos se desarrollaron rápidamente en grandes pueblos fronterizos y en las ciudades. Esto ocurría durante la guerra, mientras que los jóvenes indígenas estaban sirviendo en el ejército de los Estados Unidos, esto nunca se hizo público. Estos cientos de familias indígenas se vieron obligadas a "volver a comprar su propia tierra" si así lo elegían dos décadas después del fin de la guerra. Finalmente, el gobierno títere se apropió de la tierra sin devolverla a sus dueños originales, y junto con el gobierno de los Estados Unidos crearon un parque nacional. Los explosivos militares que aún no han detonado todavía están contaminando la tierra. No se obtuvo el consentimiento de **TODAS** las personas, es por esta razón que se produjo esta abominación.

Esta "toma" con fines militares durante la Segunda Guerra Mundial ocurrió en una cuarta parte del territorio del norte de la Reserva Pine Ridge. Decenas de miles de acres de tierras de pastoreo fueron destruidas por las bombas durante los años 1950, mucho después de terminada la Segunda Guerra Mundial.

Texto original de la Sub-comisión 1994

Artículo 29

Los pueblos indígenas <u>tienen derecho a que se les reconozca plenamente la propiedad, el control y la protección de su patrimonio cultural e intelectual</u>.

<u>Tienen derecho a que se adopten medidas especiales de control, desarrollo y protección</u> de sus ciencias, tecnologías y <u>manifestaciones culturales</u>, comprendidos los recursos humanos <u>y los recursos genéticos</u>, las semillas, las medicinas, el conocimiento de las propiedades de la fauna y la flora, las tradiciones orales, las literaturas, los diseños y las artes visuales y dramáticas.

Versión del Consejo de Derechos Humanos (CDH) 2006

Artículo 29

Los pueblos indígenas <u>tienen derecho a que se les reconozca plenamente la propiedad, el control y la protección de su patrimonio cultural e intelectual</u>.

<u>Tienen derecho a que se adopten medidas especiales de control, desarrollo y protección</u> de sus ciencias, tecnologías <u>y manifestaciones culturales</u>, comprendidos los recursos humanos <u>y los recursos genéticos</u>, las semillas, las medicinas, el conocimiento de las propiedades de la fauna y la flora, las tradiciones orales, las literaturas, los diseños y las artes visuales y dramáticas.

Versión de la Asamblea General (AG) 2007

Artículo 31

1. Los pueblos indígenas tienen derecho a <u>mantener, controlar, proteger y desarrollar su patrimonio cultural, sus conocimientos tradicionales, sus expresiones culturales tradicionales y las manifestaciones de sus</u> ciencias, tecnologías y <u>culturas</u>, comprendidos los recursos humanos y genéticos, las semillas, las medicinas, el conocimiento de las propiedades de la fauna y la flora, las tradiciones orales, las literaturas, los diseños, los <u>deportes y juegos tradicionales</u>, y las artes visuales e interpretativas. <u>También</u> tienen derecho a <u>mantener, controlar, proteger y desarrollar su propiedad intelectual de dicho patrimonio cultural, sus conocimientos tradicionales y sus expresiones culturales tradicionales.</u>

2. <u>Conjuntamente con los pueblos indígenas, los Estados adoptarán medidas eficaces para reconocer y proteger el ejercicio de estos derechos.</u>

Los cambios en las versiones revisadas alteran completamente el significado del artículo. El nuevo artículo no trata el derecho a "que se les reconozca plenamente la propiedad... de [nuestro] patrimonio cultural e intelectual", razón por la cual este artículo es necesario.

El hacer una lista concreta de las áreas implica poner adjetivos calificativos al derecho y limita la propiedad cultural e intelectual de los pueblos indígenas. También excluye otros aspectos de la propiedad cultural, como, por ejemplo, el conocimiento espiritual y sus prácticas. Asimismo, el enumerar áreas específicas, puede ser percibido como una forma de desviar la atención del hecho de haber eliminado *'que se reconozca plenamente la propiedad ... de su patrimonio cultural e intelectual'*. Además, una lista señala sólo las áreas que son reconocidas; todas las demás áreas que no están especificadas quedarían como tema abierto a la discusión. Por ejemplo, una lista de delegación de poderes es limitada, ya que los poderes que no figuran en dicha lista no son otorgados.

Texto original de la Sub-comisión 1994

Artículo 30

Los pueblos indígenas tienen derecho a determinar y elaborar las prioridades y estrategias para el desarrollo o la utilización de sus tierras, territorios y otros recursos, <u>en particular el derecho a exigir a los</u> Estados que obtengan su consentimiento, expresado con libertad y pleno conocimiento, antes de aprobar cualquier proyecto que afecte a sus tierras, territorios y otros recursos, particularmente en relación con el desarrollo, la utilización o la explotación de recursos minerales, hídricos o de otro tipo. <u>Tras acuerdo con los pueblos indígenas interesados, se otorgará una indemnización</u> justa y equitativa por esas actividades y se adoptarán medidas para mitigar sus consecuencias nocivas de orden ambiental, económico, social, cultural o espiritual.

Versión del Consejo de Derechos Humanos (CDH) 2006

Artículo 30

Los pueblos indígenas tienen derecho a determinar y elaborar las prioridades y estrategias para el desarrollo o la utilización de sus tierras o territorios y otros recursos.

<u>Los Estados celebraran consultas y cooperaran de buena fe con los pueblos indígenas interesados por conducto de sus propias instituciones representativas a fin de</u> obtener su consentimiento libre e informado antes de aprobar cualquier proyecto que afecte a sus tierras o territorios y otros recursos, particularmente en relación con el desarrollo, la utilización o la explotación de sus recursos minerales, hídricos o de otro tipo.

<u>Los Estados establecerán mecanismos eficaces para la reparación</u> justa y equitativa por esas actividades, y se adoptarán medidas <u>adecuadas</u> para mitigar sus consecuencias nocivas de orden ambiental, económico, social, cultural o espiritual.

Versión de la Asamblea General (AG) 2007

Artículo 32

1. Los pueblos indígenas tienen derecho a determinar y elaborar las prioridades y estrategias para el desarrollo o la utilización de sus tierras o territorios y otros recursos.

2. Los Estados <u>celebrarán consultas y cooperarán de buena fe con los pueblos indígenas interesados por conducto de sus propias instituciones representativas a fin de</u> obtener su consentimiento libre e informado antes de aprobar cualquier proyecto que afecte a sus tierras o territorios y otros recursos, particularmente en relación con el desarrollo, la utilización o la explotación de recursos minerales, hídricos o de otro tipo.

3. <u>Los Estados proveerán mecanismos eficaces para la reparación</u> justa y equitativa por cualquiera de esas actividades, y <u>se adoptarán</u> medidas <u>adecuadas</u> para mitigar las consecuencias nocivas de orden ambiental, económico, social, cultural o espiritual.

En el primer párrafo del artículo revisado, la palabra *'o'* en la frase *'tierras o territorios'* podría ser perjudicial para el derecho, de la misma manera que en el artículo 29 de la AG.

Un segundo derecho –el derecho a exigir que los estados "obtengan su consentimiento libre e informado"– ha sido eliminado. En su lugar, se ha colocado una directiva para los estados y no una declaración de un derecho: "Los Estados celebrarán consultas y cooperarán de buena fe con los pueblos indígenas interesados por conducto de sus propias instituciones representativas a fin de obtener su consentimiento libre e informado...".

Además, la consulta y la cooperación de buena fe a través de "instituciones representativas", en muchos casos, significa que los gobiernos títeres establecidos por el estado pueden dar su aprobación sin el consentimiento de **TODOS** los pueblos indígenas afectados. Esta frase destruye el derecho a exigir el consentimiento libre e informado.

El punto 3 (en la versión de la AG, también está en la versión del CDH) es un mandato para los estados. La principal diferencia entre la versión revisada y el texto original, además de que la versión de la AG está escrita como un mandato, es entre las palabras *indemnización* y *reparación*. *Indemnización* y *reparación* pueden significar lo mismo; es decir, hacer algo correctamente, ya sea por medio de pago o por restitución.

Texto original de la Sub-comisión 1994

Artículo 31

Los pueblos indígenas, <u>como forma concreta</u> de ejercer su derecho de libre determinación, tienen derecho a la autonomía o el autogobierno en cuestiones relacionadas con sus asuntos internos y locales, <u>en particular la cultura, la religión, la educación, la información, los medios de comunicación, la salud, la vivienda, el empleo, el bienestar social, las actividades económicas, la gestión de tierras y recursos, el medio ambiente y el acceso de personas que no son miembros a su territorio</u>, así como los medios de financiar <u>estas</u> funciones autónomas.

Versión del Consejo de Derechos Humanos (CDH) 2006

Sin artículo

[Trasladado al Artículo 3bis.]

Versión de la Asamblea General (AG) 2007

Sin artículo

[Trasladado al Artículo 4.]

El artículo fue eliminado, y una versión modificada de este texto se convirtió en el artículo 4 en la versión AG.

Texto original de la Sub-comisión 1994

Artículo 32

Los pueblos indígenas tienen el derecho <u>colectivo</u> de determinar su propia <u>ciudadanía</u> conforme a sus costumbres y tradiciones. La <u>ciudadanía indígena</u> no menoscaba el derecho de las personas indígenas a obtener la ciudadanía de los Estados en que viven.

Los pueblos indígenas tienen derecho a determinar las estructuras y a elegir la composición de sus instituciones de conformidad con sus propios procedimientos.

Versión del Consejo de Derechos Humanos (CDH) 2006

Artículo 32

Los pueblos indígenas tienen derecho a determinar su propia identidad o pertenencia conforme a sus costumbres y tradiciones. Ello no menoscaba el derecho de las personas indígenas a obtener la ciudadanía de los Estados en que viven.

Los pueblos indígenas tienen derecho a determinar las estructuras y a elegir la composición de sus instituciones de conformidad con sus propios procedimientos.

Versión de la Asamblea General (AG) 2007

Artículo 33

1. Los pueblos indígenas tienen derecho a determinar su propia <u>identidad o pertenencia</u> conforme a sus costumbres y tradiciones. <u>Ello</u> no menoscaba el derecho de las personas indígenas a obtener la ciudadanía de los Estados en que viven.

2. Los pueblos indígenas tienen derecho a determinar las estructuras y a elegir la composición de sus instituciones de conformidad con sus propios procedimientos.

En las reuniones del Grupo de trabajo sobre el proyecto de la Declaración, hubo mucho debate sobre la eliminación de la palabra *colectivo*. El derecho a determinar una ciudadanía pertenece a la nación indígena como nación, como es el caso para cualquier otra nación. Una nación es un "colectivo". Al eliminar esta palabra se debilita el derecho, el mismo que se refiere a la ciudadanía, no a la pertenencia o a la identidad. Cualquier persona puede tener una pertenencia o identidad asociada a una organización, que no es necesariamente una nación. Sin embargo, es beneficioso para los estados eliminar las palabras *colectivo* y *ciudadanía*, ya que esto niega la nacionalidad de las Naciones Indígenas. Las palabras del Artículo 33 de la versión de la AG nos niegan completamente nuestro derecho como Naciones Indígenas a determinar quiénes son nuestros propios ciudadanos. Debido a estos cambios, este artículo es uno de los artículos más peligrosos de esta declaración.

Texto original de la Sub-comisión 1994

Artículo 33

Los pueblos indígenas tienen derecho a promover, desarrollar y mantener sus estructuras institucionales y sus costumbres, tradiciones, procedimientos y prácticas <u>jurídicas</u> características, de conformidad con las normas de derechos humanos <u>internacionalmente reconocidas</u>.

Versión del Consejo de Derechos Humanos (CDH) 2006

Artículo 33

Los pueblos indígenas tienen derecho a promover, desarrollar y mantener sus estructuras institucionales y sus propias costumbres, <u>espiritualidad</u>, tradiciones, procedimientos, prácticas y, <u>cuando existan, costumbres o sistemas</u> jurídicos, de conformidad con las normas <u>internacionales</u> de derechos humanos.

Versión de la Asamblea General (AG) 2007

Artículo 34

Los pueblos indígenas tienen derecho a promover, desarrollar y mantener sus estructuras institucionales y sus propias costumbres, <u>espiritualidad</u>, tradiciones, procedimientos, prácticas y, <u>cuando existan, costumbres o sistemas</u> jurídicos, de conformidad con las normas <u>internacionales</u> de derechos humanos.

Al eliminar la palabra *jurídicas* entre las palabras *prácticas* y *características* es una forma mediante la cual los estados debilitan y/o niegan las costumbres "jurídicas" de las Naciones Indígenas. Al añadir las palabras *"y cuando existan, costumbres o sistemas jurídicos"* sugiere una vía para que los estados, como lo han hecho los Estados Unidos que han eliminado las costumbres jurídicas de las Naciones Indígenas, mantengan sus propios sistemas jurídicos. Los Estados Unidos, habiendo inicialmente reconocido nuestras prácticas jurídicas en el Ex Parte Crow Dog (1883), negaron las costumbres de la Gran Nación Sioux con la aprobación de la Ley de Delitos Mayores en 1885 (18 U.S.C. § 1153).

Texto original de la Sub-comisión 1994

Artículo 34

Los pueblos indígenas tienen el derecho colectivo de determinar las responsabilidades de los individuos para con sus comunidades.

Versión del Consejo de Derechos Humanos (CDH) 2006

Artículo 34

Los pueblos indígenas tienen derecho a determinar las responsabilidades de los individuos para con sus comunidades.

Versión de la Asamblea General (AG) 2007

Artículo 35

Los pueblos indígenas tienen derecho a determinar las responsabilidades de los individuos para con sus comunidades.

La eliminación de la palabra *colectivo* cambia completamente el derecho de los pueblos indígenas como naciones, así como su derecho –como colectivos, como lo son los tiyospaye (clanes)– a determinar las responsabilidades de los individuos en nuestras comunidades. Este es uno de los primeros pasos hacia la destrucción de una nación –eliminar la capacidad de controlar la conducta de nuestros ciudadanos. El cambio es una abominación.

Texto original de la Sub-comisión 1994

Artículo 35

Los pueblos indígenas, en particular los que están divididos por fronteras internacionales, tienen derecho a mantener y desarrollar los contactos, las relaciones y la cooperación, incluidas las actividades de carácter espiritual, cultural, político, económico y social, con otros pueblos a través de las fronteras.

Los Estados adoptarán medidas eficaces para garantizar el ejercicio y la aplicación de este derecho.

Versión del Consejo de Derechos Humanos (CDH) 2006

Artículo 35

Los pueblos indígenas, en particular los que están divididos por fronteras internacionales, tienen derecho a mantener y desarrollar los contactos, las relaciones y la cooperación, incluidas las actividades de carácter espiritual, cultural, político, económico y social, <u>con sus propios miembros</u>, así como con otros pueblos a través de las fronteras.

Los Estados, en consulta y cooperación con los pueblos indígenas, adoptarán medidas eficaces para facilitar el ejercicio y garantizar la aplicación de este derecho.

Versión de la Asamblea General (AG) 2007

Artículo 36

1. Los pueblos indígenas, en particular los que están divididos por fronteras internacionales, tienen derecho a mantener y desarrollar los contactos, las relaciones y la cooperación, incluidas las actividades de carácter espiritual, cultural, político, económico y social, con sus propios miembros, así como con otros pueblos, a través de las fronteras.

2. Los Estados, en consulta y cooperación con los pueblos indígenas, adoptarán medidas eficaces para facilitar el ejercicio y asegurar la aplicación de este derecho.

En el primer párrafo, la adición de *"con sus propios miembros"* es redundante, el artículo ya establece "el derecho a mantener... relaciones".

El segundo párrafo es un mandato para los estados, pero nuevamente no dice cómo se hará cumplir. La adición de las palabras *"en consulta y cooperación con los pueblos indígenas"* debilita el mandato a los estados y, lo que es más importante, debilita el derecho. Nuevamente, surge la pregunta: ¿quién validará la "consulta y cooperación"? ¿Lo harán las instituciones creadas por el estado, lo harán los gobiernos títeres que el estado ha creado?

Los mandatos inaplicables son leyes u órdenes que no tienen a nadie que supervise su cumplimiento. Son palabras en vano. Llenar una declaración de derechos humanos para los pueblos y naciones más oprimidas del mundo con palabras en vano –formular lo que parecen ser mandatos a los estados, pero sin fuerzas del orden que aseguren que los estados obedezcan estas leyes y órdenes– es la forma más atroz de opresión. Los mandatos inaplicables no tienen lugar en una declaración de derechos humanos proveniente de las Naciones Unidas. Es un anatema y muchos de nosotros esperábamos y trabajamos por algo mucho mejor.

Texto original de la Sub-comisión 1994

Artículo 36

Los pueblos indígenas tienen derecho a que los tratados, acuerdos y otros arreglos constructivos concertados con los Estados o sus sucesores sean reconocidos, observados y aplicados <u>según su espíritu y propósito originales</u> y a que los Estados acaten y respeten esos tratados, acuerdos y arreglos. <u>Las controversias</u>[7] <u>que no puedan arreglarse de otro modo serán sometidas a los órganos internacionales competentes por todas las partes interesadas</u>.

Versión del Consejo de Derechos Humanos (CDH) 2006

Artículo 36

Los pueblos indígenas tienen derecho a que los tratados, acuerdos y otros arreglos constructivos concertados con los Estados o sus sucesores sean reconocidos, observados y aplicados y a que los Estados acaten y respeten esos tratados, acuerdos y otros arreglos constructivos.

Nada de lo señalado en la presente Declaración se interpretará en el sentido de que menoscaba o suprime los derechos de los pueblos indígenas que figuren en tratados, acuerdos y arreglos constructivos.

Versión de la Asamblea General (AG) 2007

Artículo 37

1. Los pueblos indígenas tienen derecho a que los tratados, acuerdos y otros arreglos constructivos concertados con los Estados o sus sucesores sean reconocidos, observados y aplicados y a que los Estados acaten y respeten esos tratados, acuerdos y otros arreglos constructivos.

---

7   En la versión del libro en inglés, dice: 'Conflicts and disputes which ...', en la traducción oficial al español se ha traducido como 'Controversias que...' únicamente. Es importante mencionar este cambio porque como lo señala la autora en el análisis a continuación, al eliminar toda esta frase, la intención inicial del artículo cambia completamente.

2. <u>Nada de lo contenido en la presente Declaración se interpretará en el sentido de que menoscaba o suprime los derechos de los pueblos indígenas que figuren en tratados, acuerdos y otros arreglos constructivos.</u>

La eliminación de las palabras *"según su espíritu y propósito originales"* va en contra de la dignidad, de las palabras y del significado de los tratados, y de cómo éstos fueron elaborados inicialmente. Es como cambiar un acuerdo **DESPUÉS** de que las partes ya lo han firmado. Esta supresión beneficia sólo a los estados y censura completamente este derecho de las naciones y pueblos indígenas.

Además, la eliminación completa de la última oración del texto original –*las controversias (o como está en la versión en inglés: conflicts and disputes ...) que no pueden arreglarse de otro modo serán sometidas a los órganos internacionales competentes por todas las partes interesadas*– deja a los pueblos indígenas sin ningún lugar a donde recurrir para resolver las controversias. La pregunta que nos hacemos es, ¿cómo se resolverán las controversias?

Finalmente, el punto 2 de las versiones del CDH y de la AG establece que nada "se interpretará en el sentido de que menoscaba o suprime" los derechos de los Tratados. Sin embargo, ¿cómo hacer cumplir las disposiciones de los tratados, cuando las Naciones Indígenas, como la Gran Nación Sioux, se encuentran en una relación de colonizador-colonizado con los Estados Unidos? Si no se utiliza un lenguaje que busque la resolución de conflictos y controversias, el poder y los derechos de las Naciones Indígenas son eludidos.

Texto original de la Sub-comisión 1994

Artículo 37

Los Estados <u>adoptarán medidas eficaces y apropiadas, en consulta con los pueblos indígenas interesados, para 141 dar pleno efecto a las disposiciones de la presente Declaración. Los derechos reconocidos en ella serán adoptados e incorporados en la legislación nacional de manera que los pueblos indígenas puedan valerse en la práctica de esos derechos.</u>

Versión del Consejo de Derechos Humanos (CDH) 2006

Artículo 37

Los Estados, <u>en consulta y cooperación con los pueblos indígenas, adoptarán las medidas apropiadas, incluidas medidas legislativas, para alcanzar los fines de la presente Declaración.</u>

Versión de la Asamblea General (AG) 2007

Artículo 38

Los Estados, <u>en consulta y cooperación con los pueblos indígenas, adoptarán las medidas apropiadas, incluidas medidas legislativas, para alcanzar los fines de la presente Declaración.</u>

El artículo 38 (de la versión de la AG) es un mandato para los estados. ¿Cómo se aplicará?

En el caso de los pueblos indígenas de los Estados Unidos, este artículo no tiene sentido en ninguna de sus versiones. Los Estados Unidos, durante siglos, han violado su propia Constitución y sus leyes federales en relación a los acuerdos hechos con los pueblos indígenas de América del Norte. A pesar de que los Estados Unidos han firmado la Declaración, su conocida oposición en cada paso hacia la adopción de esta Declaración demuestra su desinterés y menosprecio por el documento. Sería un milagro que los Estados Unidos cumplan verdaderamente los mandatos de esta Declaración.

Una vez más, la pregunta es, ¿cómo se hará cumplir este artículo?

Texto original de la Sub-comisión 1994

Artículo 38

Los pueblos indígenas tienen derecho a una asistencia financiera y técnica <u>adecuada</u> de los Estados y por conducto de la cooperación internacional para <u>perseguir libremente su desarrollo político, económico, social, cultural y espiritual</u> y para el disfrute de los derechos y <u>libertades reconocidos</u> en la presente Declaración.

Versión del Consejo de Derechos Humanos (CDH) 2006

Artículo 38

Los pueblos indígenas tienen derecho a la asistencia financiera y técnica de los Estados y por conducto de la cooperación internacional para el disfrute de los derechos <u>enunciados</u> en la presente Declaración.

Versión de la Asamblea General (AG) 2007

Artículo 39

Los pueblos indígenas tienen derecho a recibir asistencia financiera y técnica de los Estados y por conducto de la cooperación internacional para el disfrute de los derechos <u>enunciados</u> en la presente Declaración.

Los cambios en este artículo debilitan, limitan y podrían negar potencialmente el derecho. Por ejemplo, eliminar la palabra *"adecuadas"* deja indefinido el tema sobre el acceso a la asistencia financiera y técnica. Por ejemplo, si se necesitaran 200 dólares como monto "adecuado", pero el Estado da sólo 2 dólares, entonces estos 2 dólares cumplirían con el requisito de "recibir a asistencia financiera y técnica", pero esto no ayudarían de manera adecuada a los pueblos indígenas necesitados.

En segundo lugar, los representantes indígenas que participaron del Grupo de Trabajo inicial sabían que ciertos aspectos de este artículo tendrían que ser definidos o de lo contrario serían ignorados: "para perseguir libremente su desarrollo político, económico, social, cultural y espiritual" son áreas que son constantemente negadas o reprimidas. Era necesario enumerarlas en el artículo, incluso con el riesgo de olvidar algunas, porque estas son las áreas importantes que han sido y siguen siendo denegadas.

A nosotros, el pueblo de la Gran Nación Sioux, no se nos permite vivir como el Creador[8] quisiera que vivamos. No se nos permite gobernarnos a nosotros mismos ni a vivir de acuerdo con nuestras propias costumbres y cultura. Nuestra base económica ha sido totalmente destruida y esto destruyó también nuestras formas de vida (la aniquilación del búfalo). Nuestro desarrollo espiritual estuvo totalmente oprimido hasta la aprobación de la Ley de Libertad Religiosa de los Indios Americanos en 1978. Sin embargo, esta ley federal de los Estados Unidos aún no garantiza completamente nuestras prácticas espirituales. En 1978, la mayoría de personas de nuestro pueblo Sioux ya no conocían nuestras propias prácticas espirituales.

Reitero, los cambios hechos al Artículo 39 en la versión de la Asamblea General debilitan, limitan y potencialmente niegan el derecho.

Texto original de la Sub-comisión 1994

Artículo 39

Los pueblos indígenas <u>tienen</u> derecho[9] a procedimientos equitativos y <u>mutuamente aceptables</u> para el arreglo de controversias con los Estados, y una pronta decisión sobre esas controversias, así como a recursos eficaces para toda lesión de sus derechos individuales y colectivos. En esas decisiones se <u>tomarán en cuenta</u> las costumbres, las tradiciones, las normas y los sistemas jurídicos de los pueblos indígenas interesados.

---

8   La palabra "Creador" es usada porque parece existir una comprensión universal de esta palabra. Nosotros, como miembros de la Gran Nación Sioux, nos referimos al Creador como Wakan Tanka, o el Gran Misterioso. Para nosotros Wakan Tanka no sólo crea, sino que está en todas las cosas y en todo lugar, en los innumerables universos y en el más pequeño grano de arena, está en todo.

9   En la versión en inglés del libro, dice: 'Indigenous peoples have the right to have access to...', la traducción oficial al español dice: 'Los pueblos indígenas tienen derecho...'. Se menciona este cambio en la traducción oficial al español del texto de la subcomisión ya que la autora hace una referencia a este fraseo en su análisis. En la misma oración se utilizó 'controversias' (versión del CDH), y 'conflictos y controversias' (versión de la AG) en vez de 'disputes and conflicts' como está escrito en las versiones oficiales en inglés.

Artículo 39

Los pueblos indígenas tienen derecho a procedimientos equitativos y justos para el arreglo de controversias con los Estados u otras partes, y a una pronta decisión sobre esas controversias, así como a reparación efectiva de toda lesión de sus derechos individuales y colectivos. En esas decisiones se tendrán debidamente en consideración las costumbres, las tradiciones, las normas y los sistemas jurídicos de los pueblos indígenas interesados y las normas internacionales de derechos humanos.

Artículo 40

Los pueblos indígenas tienen derecho a procedimientos equitativos y justos para el arreglo de conflictos y controversias con los Estados u otras partes, y a una pronta decisión sobre esas controversias, así como a una reparación efectiva de toda lesión de sus derechos individuales y colectivos. En esas decisiones se tendrán debidamente en consideración las costumbres, las tradiciones, las normas y los sistemas jurídicos de los pueblos indígenas interesados y las normas internacionales de derechos humanos.

Este artículo está escrito como un derecho. Si se cumpliera, solucionaría muchos de los conflictos que los pueblos y Naciones Indígenas tienen con los estados.

Sin embargo, se destruye la oración y su intención al eliminarse las palabras *"a tener acceso"* en la primera oración[10].

Al excluir las palabras *"mutuamente aceptables"* se debilita el derecho. Los pueblos y Naciones Indígenas se encuentran en una situación de precariedad cuando un estado intenta resolver un conflicto entre una nación indígena y un estado, utilizando los sistemas jurídicos

---

10   Véase pie de página 30.

del estado. Este es un conflicto de intereses. Sus sistemas jurídicos se inclinarán siempre del lado del estado. Tal como está escrito, el artículo implica también que los estados deben estar dispuestos a reconocer las resoluciones tomadas en los sistemas jurídicos indígenas que tengan "procedimientos equitativos y justos".

Agregar la frase *"u otras partes"* podría referirse a corporaciones multinacionales o a los colonos, lo cual no era parte de la intención del texto original. El texto original aborda específicamente las controversias con los estados, porque son los estados los responsables de controlar a las "otras partes". De nuevo, esto nos plantea la pregunta: ¿aceptará el estado las resoluciones de conflictos que se hayan resuelto utilizando los sistemas jurídicos de las naciones y pueblos indígenas? ¿"permitirá" también el estado que otras partes resuelvan los conflictos utilizando los sistemas jurídicos de pueblos y Naciones Indígenas?

Finalmente, la adición, al final, de la frase *"y las normas internacionales de derechos humanos"* está dirigida afortunadamente al estado. ¿Quién tiene el poder de violar los derechos humanos internacionales? Evidentemente, no son las naciones y pueblos indígenas los que tienen este poder.

Texto original de la Sub-comisión 1994

Artículo 40

Los órganos y organismos especializados del sistema de las Naciones Unidas y otras organizaciones intergubernamentales contribuirán a la plena realización de las disposiciones de la presente Declaración mediante la movilización, entre otras cosas, de la cooperación financiera y la asistencia técnica. Se establecerán los medios de asegurar la participación de los pueblos indígenas en relación con los asuntos que les afecten.

Versión del Consejo de Derechos Humanos (CDH) 2006

Artículo 40

Los órganos y organismos especializados del sistema de las Naciones Unidas y otras organizaciones intergubernamentales contribuirán a la plena realización de las disposiciones de la presente Declaración mediante la movilización, entre otras cosas, de la cooperación financiera y la asistencia técnica. Se establecerán los medios de asegurar la participación de los pueblos indígenas en relación con los asuntos que les conciernan.

[Igual que el texto original.]

Versión de la Asamblea General (AG) 2007

Artículo 41

Los órganos y organismos especializados del sistema de las Naciones Unidas y otras organizaciones intergubernamentales contribuirán a la plena aplicación de las disposiciones de la presente Declaración mediante la movilización, entre otras cosas, de la cooperación financiera y la asistencia técnica. Se establecerán los medios de asegurar la participación de los pueblos indígenas en relación con los asuntos que les conciernan.

[Igual que el texto original.]

La redacción en los tres documentos se ha mantenido igual, sólo el número de artículo ha cambiado, del artículo 40 en el texto original al artículo 41 en la versión de la Asamblea General. Este artículo fue uno de los primeros que se aprobaron al inicio de las discusiones. Este artículo se dirige y autoriza a las agencias de la ONU a utilizar fondos explícitamente para las naciones y pueblos indígenas. Sin embargo, la última oración se volvió problemática. Aísla los asuntos indígenas a ciertos foros indígenas que no están autorizados para tratar problemas particulares. Actualmente, esta es la situación del Foro Permanente para las Cuestiones Indígenas (PFCI). El FPCI tiene el mandato

–la orden– de tratar sólo algunos temas específicos. La resolución de conflictos con los estados no es uno de sus mandatos. Sin embargo, los representantes indígenas son dirigidos a ir sólo al PFII a presentar sus problemas. Si bien originalmente se pensó que este artículo ayudaría a los pueblos indígenas, en realidad, en algunos casos, discrimina injustamente a los pueblos y Naciones Indígenas.

Texto original de la Sub-comisión 1994

Artículo 41

Las Naciones Unidas <u>tomarán todas las medidas necesarias para garantizar la aplicación de la presente Declaración, comprendida la creación de un órgano del más alto nivel con especial competencia en esta esfera y con la participación directa de los pueblos indígenas. Todos los órganos de las Naciones Unidas</u> promoverán el respeto y la plena aplicación de las disposiciones de la presente Declaración.

Versión del Consejo de Derechos Humanos (CDH) 2006

Artículo 41

Las Naciones Unidas, <u>sus órganos, incluido el Foro Permanente para las Cuestiones Indígenas y los organismos especializados, en particular a nivel local, así como los Estados</u>, promoverán el respeto y la plena aplicación de las disposiciones de la presente Declaración y <u>velarán por la eficacia de la presente Declaración</u>.

Versión de la Asamblea General (AG) 2007

Artículo 42

Las Naciones Unidas, <u>sus órganos, incluido el Foro Permanente para las Cuestiones Indígenas, y los organismos especializados, incluso a nivel local, así como los Estados</u>, promoverán el respeto y la plena aplicación de las disposiciones <u>de la presente Declaración y velarán por su eficacia</u>.

Primero, este artículo es un mandato en todas las versiones; no expresa un derecho de los pueblos indígenas. Este artículo revela la fe que los pueblos indígenas alguna vez tuvieron en las Naciones Unidas. En el texto original, este artículo –escrito como un mandato con la frase, *"tomarán todas las medidas necesarias para garantizar la aplicación de la presente Declaración"*– expresaba la esperanza de millones de pueblos indígenas de que finalmente se respetarían nuestros derechos humanos y que la lucha terminaría. La supresión de esta frase traicionó nuestra fe en posición de las Naciones Unidas en materia de derechos humanos– de todos los derechos humanos, no sólo de los derechos humanos de los pueblos no indígenas.

Además, el PFCI no tiene el mandato o el poder para garantizar la plena aplicación de las disposiciones y la eficacia de esta Declaración. Sí, el Foro Permanente y las agencias especializadas "promoverán el respeto y la plena aplicación de las disposiciones", pero eso no significa que las disposiciones serán puestas en práctica. Estas instancias también pueden "velar por su eficacia", pero ¿qué sucede cuando su informe muestra que la "eficacia" ha fallado?

Insertar el PFCI en esta Declaración no es de interés para los pueblos indígenas, y está completamente fuera de contexto en un documento internacional sobre Derechos Humanos.

Texto original de la Sub-comisión 1994

Artículo 42

Los derechos reconocidos en la presente Declaración constituyen las normas mínimas para la supervivencia, la dignidad y el bienestar de los pueblos indígenas del mundo.

Versión del Consejo de Derechos Humanos (CDH) 2006

Artículo 42

[Igual que el texto original.]

Versión de la Asamblea General (AG) 2007

Artículo 43

[Igual que el texto original.]

El artículo 42 del texto original se convirtió en el artículo 43 en la versión de la Asamblea General. Este es uno de los artículos que se aprobó cuando se iniciaron las discusiones en 1994. Sin embargo, los artículos y los párrafos del preámbulo que fueron debatidos en aquel momento son considerablemente diferentes a los artículos de esta versión final de la Asamblea General. Para la autora, fue prematuro aprobar este artículo antes de aprobar todos los demás artículos.

Basándonos en los análisis precedentes, queda claro que, en el 2013, los derechos ahora reconocidos en este documento no cumplen los estándares mínimos para la supervivencia de los pueblos y Naciones Indígenas. Al transferir la aplicación de estos derechos, de nuevo, a las manos de los colonizadores originales –en nuestro caso, en manos de los Estados Unidos– nos coloca aún más lejos de donde ya estábamos cuando empezamos estos esfuerzos. Ahora, los Estados Unidos saben que, prácticamente, no tenemos ningún lugar a dónde recurrir para resolver nuestros conflictos con ellos.

Texto original de la Sub-comisión 1994

Artículo 43

Todos los derechos y libertades reconocidos en la presente Declaración se garantizan por igual al hombre y a la mujer indígenas.

Versión del Consejo de Derechos Humanos (CDH) 2006

Artículo 43

[Igual que el texto original.]

Versión de la Asamblea General (AG) 2007

Artículo 44

[Igual que el texto original.]

El artículo original 43, se ha renumerado como artículo 44 en la versión de la Asamblea General, también fue uno de los que se aprobaron en las reuniones iniciales que comenzaron en 1994. Nuevamente, para la opinión de autora, fue prematuro aprobar este artículo antes de que todos los demás artículos fuesen aprobados ya que la intención y el propósito de la mayoría de lo escrito en el texto original ha sido cambiado, como lo muestra este análisis.

La inclusión de "se garantizan por igual al hombre y a la mujer indígenas", en la mayoría de los casos que implican a naciones y pueblos indígenas, es redundante e innecesaria. La mayoría de las Naciones Indígenas son inclusivas con todos sus miembros. ¿Podría esto reflejar la tendencia no indígena a discriminar a sus propias mujeres?

Texto original de la Sub-comisión 1994

Artículo 44

Nada de lo señalado en la presente Declaración se interpretará en el sentido de que limite o anule los derechos que los pueblos indígenas tienen en la actualidad o puedan adquirir en el futuro.

Versión del Consejo de Derechos Humanos (CDH) 2006

Artículo 44

Nada de lo señalado en la presente Declaración se interpretará en el sentido de que limite o anule los derechos que los pueblos indígenas tienen en la actualidad o puedan adquirir en el futuro.

Versión de la Asamblea General (AG) 2007

Artículo 45

Nada de lo contenido en la presente Declaración se interpretará en el sentido de que menoscaba o suprime los derechos que los pueblos indígenas tienen en la actualidad o puedan adquirir en el futuro.

Aunque parece que sólo ha cambiado el orden de las palabras en la redacción, las nuevas versiones podrían referirse sólo a los derechos que los pueblos indígenas tienen en la actualidad, que son actualmente muy limitados en muchos casos. Y dado que nuestros derechos son muy limitados en la actualidad, ¿cómo pueden los pueblos indígenas adquirir derechos adicionales en el futuro sin la existencia de algún mecanismo de aplicación que garantice el respeto de los derechos indígenas? En otras palabras, ¿quién hará cumplir todos los mandatos de esta declaración a los estados? Hay treinta mandatos. Si el cumplimiento de los mandatos fuese posible, los pueblos y Naciones Indígenas, tendríamos nuestros derechos humanos completos e inalienables.

Texto original de la Sub-comisión 1994

Artículo 45

Nada de lo señalado en la presente Declaración se interpretará en el sentido de que confiera a un Estado, grupo o persona derecho alguno a participar en una actividad o realizar un acto contrario a la Carta de las Naciones Unidas.

Versión del Consejo de Derechos Humanos (CDH) 2006

Artículo 45

Nada de lo señalado en la presente Declaración se interpretará en el sentido de que confiera a un Estado, <u>pueblo</u>, grupo o persona derecho alguno a participar en una actividad o realizar un acto contrario a la Carta de las Naciones Unidas.

<u>En el ejercicio de los derechos enunciados en la presente Declaración, se respetarán los derechos humanos y libertades fundamentales de todos. El ejercicio de los derechos establecidos en la presente Declaración estará sujeto exclusivamente a las limitaciones determinadas por la ley, con arreglo a las obligaciones internacionales en materia de derechos humanos. Esas limitaciones no serán discriminatorias y serán solo las estrictamente necesarias para garantizar el reconocimiento y respeto debidos a los derechos y libertades de los demás</u> y para satisfacer las justas y más apremiantes necesidades de una sociedad democrática.

Las disposiciones enunciadas en la presente Declaración se interpretarán con arreglo a los principios de la justicia, la democracia, el respeto de los derechos humanos, la igualdad, la no discriminación, la buena administración pública y la buena fe.

Versión de la Asamblea General (AG) 2007

Artículo 46

1. Nada de lo contenido en la presente Declaración se interpretará en el sentido de que confiere a un Estado, <u>pueblo</u>, grupo o persona derecho alguno a participar en una actividad o realizar un acto contrario a la Carta de las Naciones Unidas, <u>ni se entenderá en el sentido de que autoriza o alienta acción alguna encaminada a quebrantar o menoscabar, total o parcialmente, la integridad territorial o la unidad política de Estados soberanos e independientes</u>.

2. <u>En el ejercicio de los derechos enunciados en la presente Declaración, se respetarán los derechos humanos y las libertades fundamentales de todos. El ejercicio de los derechos establecidos en la presente Declaración estará sujeto exclusivamente a las limitaciones determinadas por la ley y con arreglo a las obligaciones internacionales en materia de derechos humanos. Esas limitaciones no serán discriminatorias y serán sólo las estrictamente necesarias para garantizar el reconocimiento y respeto debidos a los derechos y las libertades de los demás y para satisfacer las justas y más apremiantes necesidades de una sociedad democrática.</u>

3. <u>Las disposiciones enunciadas en la presente Declaración se interpretarán con arreglo a los principios de la justicia, la democracia, el respeto de los derechos humanos, la igualdad, la no discriminación, la buena gobernanza y buena fe.</u>

En la primera oración, se ha agregado la palabra *pueblo*. Esta es, casi textualmente, la redacción de la conclusión de la Declaración Universal de Derechos Humanos.

El derecho de los pueblos indígenas a proteger la integridad territorial de los territorios indígenas es siempre un problema. Algunos estados están invadiendo zonas protegidas por tratados y otros acuerdos internacionales. Sin embargo, en la versión de la AG, la frase agregada *"ni se entenderá en el sentido de que autoriza o alienta acción alguna encaminada a quebrantar o menoscabar, total o parcialmente, la integridad territorial o la unidad política de Estados soberanos e independientes"* pone en primer lugar y ante todo la integridad política y territorial de los estados. ¿Dónde queda la integridad territorial de los territorios indígenas regulados por los tratados y acuerdos internacionales entre las Naciones Indígenas y los estados? Los derechos de los tratados son derechos humanos. La integridad territorial y la unidad política de los pueblos y Naciones Indígenas también son derechos humanos y, por lo tanto, deben ser protegidos frente a su desmembramiento o deterioro total o parcial. La agenda aquí es muy clara, sobre todo teniendo en cuenta que la ONU, en su totalidad, está compuesta por estados.

En el punto 2 de la versión de la Asamblea General (también en la versión del CDH), irónicamente, todos deben recordar que "se respetarán los derechos humanos y las libertades fundamentales de todos", como si a los pueblos indígenas se nos hubieran respetado siempre nuestros derechos humanos y libertades fundamentales.

El ejercicio de los derechos de los pueblos indígenas también está sujeto a las limitaciones que determina la ley, pero el artículo revisado no determina de qué ley se trata. Se impondrán todo tipo de limitaciones, presumiblemente, para sólo hacer respetar los derechos y libertades de los "otros" – terceras partes (es decir, de corporaciones multinacionales). La versión de la AG añade que también se puede imponer cualquier limitación al ejercicio de los derechos "para satisfacer las justas y más apremiantes necesidades de una sociedad democrática". Sin embargo, no hay parámetros sobre lo que se entiende por "justas y más apremiantes". Tampoco existen disposiciones para las sociedades que no se rigen por los principios de la democracia; esta situación se convierte en una violación de su derecho a elegir cómo gobernarse a sí mismos. Las monarquías no son, necesariamente, democracias.

Desde la perspectiva de la autora, este último artículo 46 de la Asamblea General, con todas sus disposiciones adicionales, es muy ofensivo para todos los pueblos indígenas del mundo que son los que más han sufrido la carencia de derechos humanos.

Epílogo

Fue muy difícil asistir, año tras año, a las numerosas reuniones del Grupo de Trabajo sobre el Proyecto de la Declaración. Sin embargo, continuamos porque pensamos que había esperanza. Teníamos un profundo respeto por las Naciones Unidas, por la Declaración Universal de Derechos Humanos [6], por la Carta de las Naciones Unidas [7] y por la Corte Internacional de Justicia [8]. Pensábamos que, después de todos estos cientos de años de opresión, podríamos expresar nuestras preocupaciones y objeciones, y que algunas acciones se concretizarían, que la opresión comenzaría a terminar.

Escribir este libro fue muy difícil, sobre todo, el recordar. Los sentimientos de los últimos años de las discusiones afloraron, sabiendo que todo nuestro arduo trabajo iba a ser manipulado y cambiado, que los pueblos indígenas no se beneficiarían y menos las Naciones Indígenas.

Mirando hacia atrás, recuerdo que los debates eran caóticos. Creo que se hicieron de esta manera a propósito. La agenda del día al inicio de una reunión mostraba qué párrafos o artículos del preámbulo se debatirían y eso era todo. Supuestamente podríamos desaprobar la agenda, pero la persona presidiendo la sesión simplemente pasaría por alto cualquier desaprobación de todos modos. Además, nosotros –todos los asistentes, tanto los estados como los indígenas – aprobamos más artículos de los que se muestran, pero el presidente de la sesión nunca los agregaría en su informe. Fue muy frustrante, porque los estados podrían haber hecho algo al respecto, pero no lo hicieron. (Ver Apéndices C – F.)

Alguien comentó durante las últimas reuniones sobre la tortura que representaba seguir experimentando toda la frustración y desolación subyacente de los cambios que se realizaban constantemente en un documento que afectaría a nuestras naciones y pueblos. Teníamos el estómago revuelto, náuseas, nos mordíamos la lengua, aunque queríamos gritar: "¡Esto no trata los derechos de los pueblos indígenas, es sólo una colección de mandatos para los estados que no serán cumplidos!".

Pero luego, al darnos cuenta de que los propios estados eran conscientes de la necesidad de mandatos, de leyes para ellos, nos dio algunas luces al final a este largo y oscuro túnel de opresión. ¿Por qué los estados seguirían insertando, dentro de la lista de derechos, frases que comienzan con *los Estados deberán..*'? ¿Suponían ellos que nuestros derechos no serían respetados sin tales mandatos? Sin embargo, la pregunta que subyace a esta frase fue y sigue siendo: ¿Quién hará cumplir los mandatos?

Soy una idealista. Desearía que alcancemos las estrellas , aunque tal vez sólo lleguemos a la mitad del camino. Sin idealistas como yo, habría poca esperanza en el mundo. También soy una Oglala Tetuwan. Mi abuela me inculcó el conocimiento de muchas de nuestras antiguas leyes. Entre ellas está: "Nunca impongas tu voluntad a otra persona". La colonización impuso su voluntad a los pueblos y Naciones Indígenas durante los últimos 500 años. Es hora de que esto termine.

Este libro fue escrito por una razón: toda la verdad tenía que ser contada. No podía ocultarse la historia en una caja con un lazo bonito, mientras se engañaba a todo el mundo haciéndole creer que la Declaración fue aprobada por todos los pueblos indígenas, cuando no fue así. En 1994 –después de diez años de deliberación y debate– todos los Pueblos Indígenas aprobaron únicamente el texto original de la Subcomisión. Esta nueva versión de la Asamblea General no fue aprobada. La versión de 1994 no era perfecta, pero tenía muchos más aportes de los pueblos indígenas. Nosotros, los pueblos indígenas, reclamamos el texto original de la Subcomisión, incluso algunos de nosotros luchamos arduamente hasta el final, hasta que nos lo quitaron de las manos.

¿Se respetarán los derechos humanos de los pueblos indígenas en algún momento? Sí, pero no con palabras en papel. Mientras tengamos un sistema como el que domina el mundo de hoy, que avanza desenfrenadamente por encima de los seres humanos, sobre los recursos naturales y sobre prácticamente cada fragmento de materia que existe en la tierra, este sistema está destinado a fracasar y finalmente se desplomará. El tiempo que le queda al sistema actual, que incluye a las

Naciones Unidas, es muy muy corto. Causa y efecto son parte de la Ley Natural, ley que prevalecerá.

Me gustaría agradecer al Creador por la oportunidad de haber podido participar de algo que comenzó tan bien, de manera tan idealista, y que podría haber mejorado las vidas de miles de millones de personas, tanto la vida de los oprimidos como la de los opresores que viven en la Madre Tierra. Ahora, el Creador decidirá.

Ktso!
¡Así es!

APÉNDICES

Apéndice A

Carta de las Naciones Unidas: preámbulo

NOSOTROS LOS PUEBLOS DE LAS NACIONES UNIDAS RESUELTOS

- a preservar a las generaciones venideras del flagelo de la guerra que dos veces durante nuestra vida ha infligido a la Humanidad sufrimientos indecibles,
- a reafirmar la fe en los derechos fundamentales del hombre, en la dignidad y el valor de la persona humana, en la igualdad de derechos de hombres y mujeres y de las naciones grandes y pequeñas,
- a crear condiciones bajo las cuales puedan mantenerse la justicia y el respeto a las obligaciones emanadas de los tratados y de otras fuentes del derecho internacional,
- a promover el progreso social y a elevar el nivel de vida dentro de un concepto más amplio de la libertad,

Y CON TALES FINALIDADES

- a practicar la tolerancia y a convivir en paz como buenos vecinos,
- a unir nuestras fuerzas para el mantenimiento de la paz y la seguridad internacionales,
- a asegurar, mediante la aceptación de principios y la adopción de métodos, que no se usará; la fuerza armada sino en servicio del interés común, y
- a emplear un mecanismo internacional para promover el progreso económico y social de todos los pueblos,

HEMOS DECIDIDO UNIR NUESTROS ESFUERZOS PARA REALIZAR ESTOS DESIGNIOS

Por lo tanto, nuestros respectivos Gobiernos, por medio de representantes reunidos en la ciudad de San Francisco que han exhibido sus plenos poderes, encontrados en buena y debida forma, han convenido en la presente Carta de las Naciones Unidas, y por este acto establecen una organización internacional que se denominará las Naciones Unidas.

Apéndice **B**

Proyecto de Declaración de las Naciones Unidas sobre
los Derechos de las Poblaciones Indígenas

La Subcomisión de Prevención de Discriminaciones
y Protección a las Minorías,
36ª sesión, 26 de agosto de 1994.

Afirmando que los pueblos indígenas son iguales a todos los demás pueblos en cuanto a dignidad y derechos y reconociendo al mismo tiempo el derecho de todos los pueblos a ser diferentes, a considerarse a sí mismos diferentes y a ser respetados como tales,

Afirmando también que todos los pueblos contribuyen a la diversidad y riqueza de las civilizaciones y culturas, que constituyen el patrimonio común de la humanidad,

Afirmando asimismo que todas las doctrinas, políticas y prácticas basadas en la superioridad de determinados pueblos o personas o que la propugnan aduciendo razones de origen nacional o diferencias raciales, religiosas, étnicas o culturales son racistas, científicamente falsas, jurídicamente inválidas, moralmente condenables y socialmente injustas,

Reafirmando también que, en el ejercicio de sus derechos, los pueblos indígenas deben estar libres de toda forma de discriminación,

Preocupada por el hecho de que los pueblos indígenas se hayan visto privados de sus derechos humanos y libertades fundamentales, lo cual ha dado lugar, entre otras cosas, a la colonización y enajenación de sus tierras, territorios y recursos, impidiéndoles ejercer, en particular, su derecho al desarrollo de conformidad con sus propias necesidades e intereses,

Reconociendo la urgente necesidad de respetar y promover los derechos y las características intrínsecos de los pueblos indígenas, especialmente los derechos a sus tierras, territorios y recursos, que derivan de sus estructuras políticas, económicas y sociales y de sus culturas, de sus tradiciones espirituales, de su historia y de su concepción de la vida,

Celebrando que los pueblos indígenas se estén organizando para promover su desarrollo político, económico, social y cultural y para poner fin a todas las formas de discriminación y opresión dondequiera ocurran,

Convencida de que el control por los pueblos indígenas de los acontecimientos que les afecten a ellos y a sus tierras, territorios y recursos les permitirá mantener y reforzar sus instituciones, culturas y tradiciones y promover su desarrollo de acuerdo con sus aspiraciones y necesidades,

Reconociendo también que el respeto de los conocimientos, las culturas y las prácticas tradicionales indígenas contribuye al desarrollo sostenible y equitativo y a la ordenación adecuada del medio ambiente,

Destacando la necesidad de desmilitarizar las tierras y territorios de los pueblos indígenas, lo cual contribuirá a la paz, el progreso y el desarrollo económico y social, la comprensión y las relaciones de amistad entre las naciones y los pueblos del mundo,

Reconociendo, en particular, el derecho de las familias y comunidades indígenas a seguir compartiendo la responsabilidad por la crianza, la formación, la educación y el bienestar de sus hijos,

Reconociendo también que los pueblos indígenas tienen el derecho de determinar libremente sus relaciones con los Estados en un espíritu de coexistencia, beneficio mutuo y pleno respeto,

Considerando que los tratados, acuerdos y demás arreglos entre los Estados y los pueblos indígenas son propiamente asuntos de interés y responsabilidad internacionales,

Reconociendo que la Carta de las Naciones Unidas, el Pacto Internacional de Derechos Económicos, Sociales y Culturales y el Pacto Internacional de Derechos Civiles y Políticos afirman la importancia fundamental del derecho de todos los pueblos a la libre determinación, en virtud del cual éstos determinan libremente su condición política y persiguen libremente su desarrollo económico, social y cultural,

Teniendo presente que nada de lo contenido en la presente Declaración podrá utilizarse para negar a ningún pueblo su derecho a la libre determinación,

Alentando a los Estados a que cumplan y apliquen eficazmente todos los instrumentos internacionales, en particular los relativos a los derechos humanos, en lo que se refiera a los pueblos indígenas, en consulta y cooperación con los pueblos interesados,

Subrayando que corresponde a las Naciones Unidas desempeñar un papel importante y continuo de promoción y protección de los derechos de los pueblos indígenas,

Considerando que la presente Declaración constituye otro nuevo paso importante hacia el reconocimiento, la promoción y la protección de los derechos y las libertades de los pueblos indígenas y el desarrollo de actividades pertinentes del sistema de las Naciones Unidas en esta esfera,

Proclama solemnemente la siguiente Declaración de las Naciones Unidas sobre los Derechos de los Pueblos Indígenas:

Parte I

Artículo 1

Los pueblos indígenas tienen derecho al disfrute pleno y efectivo de todos los derechos humanos y libertades fundamentales reconocidos por la Carta de las Naciones Unidas, la Declaración Universal de Derechos Humanos y el derecho internacional relativo a los derechos humanos.

Artículo 2

Las personas y los pueblos indígenas son libres e iguales a todas las demás personas y pueblos en cuanto a dignidad y derechos y tienen el derecho a no ser objeto de ninguna discriminación desfavorable fundada, en particular, en su origen o identidad indígenas.

Artículo 3

Los pueblos indígenas tienen derecho a la libre determinación. En virtud de ese derecho determinan libremente su condición política y persiguen libremente su desarrollo económico, social y cultural.

Artículo 4

Los pueblos indígenas tienen derecho a conservar y reforzar sus propias características políticas, económicas, sociales y culturales, así como sus sistemas jurídicos, manteniendo a la vez sus derechos a participar plenamente, si lo desean, en la vida política, económica, social y cultural del Estado.

Artículo 5

Toda persona indígena tiene derecho a una nacionalidad.

Parte II

Artículo 6

Los pueblos indígenas tienen el derecho colectivo a vivir en libertad, paz y seguridad como pueblos distintos y a gozar de plenas garantías contra el genocidio o cualquier otro acto de violencia, comprendida la separación de los niños indígenas de sus familias y comunidades, con cualquier pretexto.

Además, tienen derechos individuales a la vida, la integridad física y mental, la libertad y la seguridad de la persona.

Artículo 7

Los pueblos indígenas tienen el derecho colectivo e individual a no ser objeto de etnocidio y genocidio cultural, en particular a la prevención y la reparación de:

a) todo acto que tenga por objeto o consecuencia privarlos de su integridad como pueblos distintos o de sus valores culturales o su identidad étnica;

b) todo acto que tenga por objeto o consecuencia enajenarles sus tierras, territorios o recursos;

c) toda forma de traslado de población que tenga por objeto o consecuencia la violación o el menoscabo de cualquiera de sus derechos;

d) toda forma de asimilación e integración a otras culturas o modos de vida que les sean impuestos por medidas legislativas, administrativas o de otro tipo;

e) toda forma de propaganda dirigida contra ellos.

Artículo 8

Los pueblos indígenas tienen el derecho colectivo e individual a mantener y desarrollar sus propias características e identidades, comprendido el derecho a identificarse a sí mismos como indígenas y a ser reconocidos como tales.

Artículo 9

Los pueblos y las personas indígenas tienen derecho a pertenecer a una comunidad o nación indígena, de conformidad con las tradiciones y costumbres de la comunidad o nación de que se trate. No puede resultar ninguna desventaja del ejercicio de ese derecho.

Artículo 10

Los pueblos indígenas no serán desplazados por la fuerza de sus tierras o territorios. No se procederá a ningún traslado sin el consentimiento expresado libremente y con pleno conocimiento de los pueblos indígenas interesados y previo acuerdo sobre una indemnización justa y equitativa y, siempre que sea posible, con la posibilidad de regreso.

Artículo 11

Los pueblos indígenas tienen derecho a una protección y seguridad especiales en períodos de conflicto armado.

Los Estados respetarán las normas internacionales, en particular el Cuarto Convenio de Ginebra de 1949, sobre la protección de personas civiles en tiempo de guerra, y:

a) no reclutarán a personas indígenas contra su voluntad para servir en las fuerzas armadas y, en particular, para ser utilizadas contra otros pueblos indígenas;

b) no reclutarán a niños indígenas en las fuerzas armadas, en ninguna circunstancia;

c) no obligarán a personas indígenas a abandonar sus tierras, territorios o medios de subsistencia ni las reasentarán en centros especiales con fines militares;

d) no obligarán a personas indígenas a trabajar con fines militares en condiciones discriminatorias.

Parte III

Artículo 12

Los pueblos indígenas tienen derecho a practicar y revitalizar sus tradiciones y costumbres culturales. Ello incluye el derecho a mantener, proteger y desarrollar las manifestaciones pasadas, presentes y futuras de sus culturas, como lugares arqueológicos e históricos, utensilios, diseños, ceremonias, tecnologías, artes visuales y dramáticas y literaturas, así como el derecho a la restitución de los bienes culturales, intelectuales, religiosos y espirituales de que han sido privados sin que hubieran consentido libremente y con pleno conocimiento o en violación de sus leyes, tradiciones y costumbres.

Artículo 13

Los pueblos indígenas tienen derecho a manifestar, practicar, desarrollar y enseñar sus tradiciones, costumbres y ceremonias espirituales y religiosas; a mantener y proteger sus lugares religiosos y culturales y a acceder ellos privadamente; a utilizar y vigilar los objetos de culto, y a obtener la repatriación de restos humanos.

Los Estados adoptarán medidas eficaces, junto con los pueblos indígenas interesados, para asegurar que se mantengan, respeten y protejan los lugares sagrados de los pueblos indígenas, en particular sus cementerios.

Artículo 14

Los pueblos indígenas tienen derecho a revitalizar, utilizar, desarrollar y transmitir a las generaciones futuras sus historias, idiomas, tradiciones orales, filosofías, sistemas de escritura y literaturas, y a atribuir nombres a sus comunidades, lugares y personas y mantenerlos.

Los Estados adoptarán medidas eficaces para garantizar, cuando se vea amenazado cualquiera de los derechos de los pueblos indígenas, la protección de ese derecho y también para asegurar que los pueblos indígenas puedan entender y hacerse entender en las actuaciones políticas, jurídicas y administrativas, proporcionando para ello, cuando sea necesario, servicios de interpretación u otros medios adecuados.

Parte IV

Artículo 15

Los niños indígenas tienen derecho a todos los niveles y formas de educación del Estado. Todos los pueblos indígenas también tienen este derecho y el derecho a establecer y controlar sus sistemas e instituciones docentes impartiendo educación en sus propios idiomas y en consonancia con sus métodos culturales de enseñanza y aprendizaje.

Los niños indígenas que viven fuera de sus comunidades tienen derecho de acceso a la educación en sus propios idiomas y culturas.

Los Estados adoptarán medidas eficaces para asegurar suficientes recursos a estos fines.

Artículo 16

Los pueblos indígenas tienen derecho a que la dignidad y diversidad de sus culturas, tradiciones, historias y aspiraciones queden debidamente reflejadas en todas las formas de educación e información pública.

Los Estados adoptarán medidas eficaces, en consulta con los pueblos indígenas interesados, para eliminar los prejuicios y la discriminación y promover la tolerancia, la comprensión y las buenas relaciones entre los pueblos indígenas y todos los sectores de la sociedad.

Artículo 17

Los pueblos indígenas tienen derecho a establecer sus propios medios de información en sus propios idiomas. También tienen derecho a acceder, en pie de igualdad, a todos los demás medios de información no indígenas.

Los Estados adoptarán medidas eficaces para asegurar que los medios de información estatales reflejen debidamente la diversidad cultural indígena.

Artículo 18

Los pueblos indígenas tienen derecho a disfrutar plenamente de todos los derechos establecidos en el derecho laboral internacional y en la legislación laboral nacional.

Las personas indígenas tienen derecho a no ser sometidas a condiciones discriminatorias de trabajo, empleo o salario.

Parte V

Artículo 19

Los pueblos indígenas tienen derecho a participar plenamente, si lo desean, en todos los niveles de adopción de decisiones, en las cuestiones que afecten a sus derechos, vidas y destinos, por conducto de representantes elegidos por ellos de conformidad con sus propios procedimientos, así como a mantener y desarrollar sus propias instituciones de adopción de decisiones.

Artículo 20

Los pueblos indígenas tienen derecho a participar plenamente, si lo desean, mediante procedimientos determinados por ellos, en la elaboración de las medidas legislativas y administrativas que les afecten.

Los Estados obtendrán el consentimiento, expresado libremente y con pleno conocimiento, de los pueblos interesados antes de adoptar y aplicar esas medidas.

Artículo 21

Los pueblos indígenas tienen derecho a mantener y desarrollar sus sistemas políticos, económicos y sociales, a que se les asegure el disfrute de sus propios medios de subsistencia y desarrollo y a dedicarse libremente a todas sus actividades económicas tradicionales y de otro tipo. Los pueblos indígenas que han sido desposeídos de sus medios de subsistencia y desarrollo tienen derecho a una indemnización justa y equitativa.

Artículo 22

Los pueblos indígenas tienen derecho a medidas especiales para la mejora inmediata, efectiva y continua de sus condiciones económicas y sociales, comprendidas las esferas del empleo, la capacitación y el perfeccionamiento profesionales, la vivienda, el saneamiento, la salud y la seguridad social.

Se prestará particular atención a los derechos y necesidades especiales de ancianos, mujeres, jóvenes, niños e impedidos indígenas.

Artículo 23

Los pueblos indígenas tienen derecho a determinar y a elaborar prioridades y estrategias para el ejercicio de su derecho al desarrollo. En particular, los pueblos indígenas tienen derecho a determinar y elaborar todos los programas de salud, vivienda y demás programas económicos y sociales que les afecten y, en lo posible, a administrar esos programas mediante sus propias instituciones.

Artículo 24

Los pueblos indígenas tienen derecho a sus propias medicinas y prácticas de salud tradicionales, incluido el derecho a la protección de plantas, animales y minerales de interés vital desde el punto de vista médico.

También tienen derecho de acceso, sin discriminación alguna, a todas las instituciones de sanidad y los servicios de salud y atención médica.

<u>Parte VI</u>

Artículo 25

Los pueblos indígenas tienen derecho a mantener y fortalecer su propia relación espiritual y material con sus tierras, territorios, aguas, mares costeros y otros recursos que tradicionalmente han poseído u ocupado o utilizado de otra forma y a asumir las responsabilidades que a ese propósito les incumben respecto de las generaciones venideras.

Artículo 26

Los pueblos indígenas tienen derecho a poseer, desarrollar, controlar y utilizar sus tierras y territorios, comprendido el medio ambiente total de las tierras, el aire, las aguas, los mares costeros, los hielos marinos, la flora y la fauna y los demás recursos que tradicionalmente han poseído u ocupado o utilizado de otra forma. Ello incluye el derecho al pleno reconocimiento de sus leyes, tradiciones y costumbres, sistemas de tenencia de la tierra e instituciones para el desarrollo y la gestión de los recursos, y el derecho a que los Estados adopten medidas eficaces para prevenir toda injerencia, usurpación o invasión en relación con estos derechos.

Artículo 27

Los pueblos indígenas tienen derecho a la restitución de las tierras, los territorios y los recursos que tradicionalmente han poseído u ocupado o utilizado de otra forma y que les hayan sido confiscados, ocupados, utilizados o dañados sin su consentimiento expresado con libertad y pleno conocimiento. Cuando esto no sea posible, tendrán derecho a una indemnización justa y equitativa. Salvo que los pueblos interesados hayan convenido libremente en otra cosa, la indemnización consistirá en tierras, territorios y recursos de igual cantidad, extensión y condición jurídica.

Artículo 28

Los pueblos indígenas tienen derecho a la conservación, reconstitución y protección del medio ambiente total y de la capacidad productiva de sus tierras, territorios y recursos, y a recibir asistencia a tal efecto de los Estados y por conducto de la cooperación internacional. Salvo que los pueblos interesados hayan convenido libremente en ello, no se realizarán actividades militares en las tierras y territorios de los pueblos indígenas.

Los Estados adoptarán medidas eficaces para garantizar que no se almacenen ni eliminen materiales peligrosos en las tierras y territorios de los pueblos indígenas.

Los Estados también adoptarán medidas eficaces para garantizar, según sea necesario, que se apliquen debidamente programas para el control, el mantenimiento y el restablecimiento de la salud de los pueblos indígenas afectados por esos materiales, programas que serán elaborados y ejecutados por esos pueblos.

Artículo 29

Los pueblos indígenas tienen derecho a que se les reconozca plenamente la propiedad, el control y la protección de su patrimonio cultural e intelectual.

Tienen derecho a que se adopten medidas especiales de control, desarrollo y protección de sus ciencias, tecnologías y manifestaciones culturales, comprendidos los recursos humanos y los recursos genéticos, las semillas, las medicinas, el conocimiento de las propiedades de la fauna y la flora, las tradiciones orales, las literaturas, los diseños y las artes visuales y dramáticas.

Artículo 30

Los pueblos indígenas tienen derecho a determinar y elaborar las prioridades y estrategias para el desarrollo o la utilización de sus tierras, territorios y otros recursos, en particular el derecho a exigir a los Estados que obtengan su consentimiento, expresado con libertad y pleno conocimiento, antes de aprobar cualquier proyecto que afecte a sus tierras, territorios y otros recursos, particularmente en relación con el desarrollo, la utilización o la explotación de recursos minerales, hídricos o de otro tipo. Tras acuerdo con los pueblos indígenas interesados, se otorgará una indemnización justa y equitativa por esas actividades y se adoptarán medidas para mitigar sus consecuencias nocivas de orden ambiental, económico, social, cultural o espiritual.

Parte VII

Artículo 31

Los pueblos indígenas, como forma concreta de ejercer su derecho de libre determinación, tienen derecho a la autonomía o el autogobierno en cuestiones relacionadas con sus asuntos internos y locales, en particular la cultura, la religión, la educación, la información, los medios de comunicación, la salud, la vivienda, el empleo, el bienestar social, las actividades económicas, la gestión de tierras y recursos, el medio ambiente y el acceso de personas que no son miembros a su territorio, así como los medios de financiar estas funciones autónomas.

Artículo 32

Los pueblos indígenas tienen el derecho colectivo de determinar su propia ciudadanía conforme a sus costumbres y tradiciones. La ciudadanía indígena no menoscaba el derecho de las personas indígenas a obtener la ciudadanía de los Estados en que viven.

Los pueblos indígenas tienen derecho a determinar las estructuras y a elegir la composición de sus instituciones de conformidad con sus propios procedimientos.

Artículo 33

Los pueblos indígenas tienen derecho a promover, desarrollar y mantener sus estructuras institucionales y sus costumbres, tradiciones, procedimientos y prácticas jurídicos característicos, de conformidad con las normas de derechos humanos internacionalmente reconocidas.

Artículo 34

Los pueblos indígenas tienen el derecho colectivo de determinar las responsabilidades de los individuos para con sus comunidades.

Artículo 35

Los pueblos indígenas, en particular los que están divididos por fronteras internacionales, tienen derecho a mantener y desarrollar los contactos, las relaciones y la cooperación, incluidas las actividades de carácter espiritual, cultural, político, económico y social, con otros pueblos a través de las fronteras.

Los Estados adoptarán medidas eficaces para garantizar el ejercicio y la aplicación de este derecho.

Artículo 36

Los pueblos indígenas tienen derecho a que los tratados, acuerdos y otros arreglos constructivos concertados con los Estados o sus sucesores sean reconocidos, observados y aplicados según su espíritu y propósito originales y a que los Estados acaten y respeten esos tratados, acuerdos y arreglos. Las controversias que no puedan arreglarse de otro modo serán sometidas a los órganos internacionales competentes por todas las partes interesadas.

<u>Parte VIII</u>

Artículo 37

Los Estados adoptarán medidas eficaces y apropiadas, en consulta con los pueblos indígenas interesados, para dar pleno efecto a las disposiciones de la presente Declaración. Los derechos reconocidos en ella serán adoptados e incorporados en la legislación nacional de manera que los pueblos indígenas puedan valerse en la práctica de esos derechos.

Artículo 38

Los pueblos indígenas tienen derecho a una asistencia financiera y técnica adecuada de los Estados y por conducto de la cooperación internacional para perseguir libremente su desarrollo político, económico, social, cultural y espiritual y para el disfrute de los derechos y libertades reconocidos en la presente Declaración.

Artículo 39

Los pueblos indígenas tienen derecho a procedimientos equitativos y mutuamente aceptables para el arreglo de controversias con los Estados, y una pronta decisión sobre esas controversias, así como a recursos eficaces para toda lesión de sus derechos individuales y colectivos. En esas decisiones se tomarán en cuenta las costumbres, las tradiciones, las normas y los sistemas jurídicos de los pueblos indígenas interesados.

Artículo 40

Los órganos y organismos especializados del sistema de las Naciones Unidas y otras organizaciones intergubernamentales contribuirán a la plena realización de las disposiciones de la presente Declaración mediante la movilización, entre otras cosas, de la cooperación financiera y la asistencia técnica. Se establecerán los medios de asegurar la participación de los pueblos indígenas en relación con los asuntos que les afecten.

Artículo 41

Las Naciones Unidas tomarán todas las medidas necesarias para garantizar la aplicación de la presente Declaración, comprendida la creación de un órgano del más alto nivel con especial competencia en esta esfera y con la participación directa de los pueblos indígenas. Todos los órganos de las Naciones Unidas promoverán el respeto y la plena aplicación de las disposiciones de la presente Declaración.

Parte IX

Artículo 42

Los derechos reconocidos en la presente Declaración constituyen las normas mínimas para la supervivencia, la dignidad y el bienestar de los pueblos indígenas del mundo.

Artículo 43

Todos los derechos y libertades reconocidos en la presente Declaración se garantizan por igual al hombre y a la mujer indígenas.

Artículo 44

Nada de lo señalado en la presente Declaración se interpretará en el sentido de que limite o anule los derechos que los pueblos indígenas tienen en la actualidad o puedan adquirir en el futuro.

Artículo 45

Nada de lo señalado en la presente Declaración se interpretará en el sentido de que confiera a un Estado, grupo o persona derecho alguno a participar en una actividad o realizar un acto contrario a la Carta de las Naciones Unidas.

APÉNDICE C

Carta del Consejo de los Tratados de la Nación
Sioux a la Asamblea General[1]*
30 de noviembre del 2006

C White Face

De: "C White Face" <bhdefenders@msn.com>

Para: mauritius@un.int

Enviado: jueves 30 de noviembre de 2006 4:38 PM

Asunto: Carta para el embajador †

Oyate

Consejo de los Tratados de la Nación Teton Sioux

PO Box 140, Manderson, SD 57756

Teléfono: (605) 399-1868

30 de noviembre del 2006

H. E. Sr. Somduth Soborun, Embajador

Misión Permanente de la República de Mauricio

211 East 43rd Street 15th Floor

Nueva York NY 10017

Fax. 212-697-3829, 953-1233

Su Excelencia:

En referencia al asunto de la Declaración sobre los Derechos de
los Pueblos Indígenas, durante futuras deliberaciones, por favor **no**

---

1   El nombre original era Consejo de los Tratados de la Nación Sioux, establecido en
1894 por el jefe He Dog. Pasados los años, se convirtió en el Consejo de los Tratados
de la Nación Sioux Tetuwan, pero el nombre fue legalmente cambiado, nuevamente,
a Consejo de los Tratados de la Nación Sioux en 2010.

† Este mensaje fue enviado a todos los miembros de la Asamblea General de las Naciones Unidas. Este es un ejemplo de cómo un embajador recibió la carta.

apruebe la Declaración adoptada por el nuevo Consejo de Derechos Humanos el 29 de junio del 2006. Existe otra opción.

Los representantes de Tetuwan Oyate y del Consejo de los Tratados de la Nación Sioux Teton han participado en el trabajo de redacción y de discusión de la Declaración durante más de veintidós años. Somos una nación indígena que se encuentra en el medio del continente norteamericano. Nuestros representantes participaron en la redacción de la versión original. Cuando la Declaración fue aprobada por el Grupo de Trabajo sobre Poblaciones Indígenas, y luego por la Subcomisión de Derechos Humanos en 1994 con el consenso de los pueblos indígenas, teníamos la esperanza de que realmente algún día tendríamos nuestros propios derechos humanos. Sin embargo, estuvimos muy consternados y alarmados cuando el texto del presidente del Grupo de Trabajo fue aprobado por el nuevo Consejo de Derechos Humanos el 29 de junio de 2006. Nos seguimos preguntando cómo una instancia de la ONU omitiría las recomendaciones de sus propios comités, ya que el texto original de la Subcomisión, que implicó una década de trabajo, fue aprobado en 1994.

Además, los representantes de la Comisión de Derechos Humanos nos aseguraron durante las negociaciones para poner fin a la de huelga de hambre/ayuno espiritual de diciembre del 2004 que, si no se llegaba a un consenso sobre el texto del presidente Luis Enrique Chávez durante las deliberaciones, la Comisión sobre Derechos Humanos solo aceptaría y aprobaría el texto original de la Subcomisión. Nosotros participamos en la huelga de hambre/ayuno espiritual porque el Presidente nos había informado que solo iba a presentar su texto a la Comisión, un texto que no tenía el consenso ni de los estados ni de los pueblos indígenas. La supresión de la Comisión de Derechos Humanos y la rápida aprobación de la Declaración por el nuevo Consejo de Derechos Humanos nos deja muchas preguntas abiertas sobre las garantías que nos dieron los representantes de las Naciones Unidas.

Sabemos que otros grupos indígenas están solicitando la aprobación del texto del Presidente, pero sentimos que lo están haciendo porque no han analizado detenidamente el contenido, o como se ha dicho en muchas oportunidades, "al menos se tendrá un documento de derechos humanos". Nuestra posición es: **no tener Declaración, es mejor que tener una mala**, porque será mucho más difícil retomarla y hacer cambios. No hay ningún proceso en el sistema de la ONU que permita hacer tales cambios. Las mismas palabras del preámbulo que fueron aprobadas por el Consejo de Derechos Humanos, en la página 20 dice: "...como un estándar común a alcanzar". El trabajo de los últimos veintidós años ya buscaba ese estándar.

La aprobación de la Declaración original por el Grupo de Trabajo sobre Poblaciones Indígenas, por expertos en el tema y por la Subcomisión de Derechos Humanos debería ser suficiente evidencia para la Asamblea General de que **el texto original de la Subcomisión** debería ser el aprobado. Le solicitamos respetuosamente que considere la aprobación del texto original de la Subcomisión de la Declaración sobre los Derechos de los Pueblos Indígenas.

Gracias.

Atentamente,

Charmaine White Face, portavoz
Consejo de los Tratados de la Nación Sioux Teton
Correo electrónico: bhdefenders@msn.com

APÉNDICE D

Declaración de huelga de hambre

¡Huelga de hambre de los representantes de los pueblos indígenas en las Naciones Unidas!

Hoy, 29 de noviembre del 2004, a las 11 de la mañana, nosotros, delegados de los pueblos indígenas, nos declaramos en huelga de hambre y ayuno espiritual dentro del Palacio de las Naciones Unidas en Ginebra, durante la tercera semana de la décima sesión del periodo entre sesiones del Grupo de Trabajo sobre el Proyecto de Declaración de las Naciones Unidas sobre los Derechos de los Pueblos Indígenas.

Nosotros, delegados de los pueblos indígenas de diferentes países, emprendemos esta acción, con el apoyo y la solidaridad de los pueblos y de las organizaciones indígenas de todo el mundo, para llamar la atención del mundo sobre los intentos continuos de algunos estados, así como de ésta instancia de la ONU que buscan debilitar y socavar el Proyecto de Declaración desarrollado por el Grupo de Trabajo de la ONU sobre Poblaciones Indígenas que fue aprobado por la Subcomisión de las Naciones Unidas de Prevención de Discriminaciones y Protección a las Minorías en 1994. El texto de la Subcomisión ha sido respaldado por cientos de pueblos y organizaciones indígenas de todo el mundo, como el estándar mínimo necesario para el reconocimiento y la protección de los derechos de los pueblos indígenas a nivel internacional.

Nosotros, los delegados, que emprendemos esta huelga de hambre, junto con los pueblos indígenas firmantes, organizaciones, gobiernos tribales, naciones, comunidades y redes, solicitamos que el texto de la Declaración de la Subcomisión sea reenviado a la Comisión de Derechos Humanos de la ONU. Este texto lleva consigo el mensaje que muestra que, durante 10 años, a pesar del intento de los estados y de sus propuestas de debilitar o enmendar el texto no obtuvieron el consenso de los participantes del Grupo de Trabajo, grupo que estaba integrado tanto por estados como por pueblos indígenas.

El Sr. Luis Chávez, Presidente Relator del Grupo de Trabajo, debe informar esta realidad y no presentar un "texto consolidado" como si éste estuviese "cercano a tener consenso". La Comisión de Derechos Humanos debe establecer un procedimiento que no permita que un pequeño grupo de estados tenga la oportunidad de debilitar los derechos humanos de los pueblos indígenas. Este procedimiento también debería tomar en cuenta las voces de la mayoría de los pueblos indígenas de todo el mundo.

No permitiremos que nuestros derechos sean negociados, comprometidos o debilitados durante este procedimiento de la ONU, este es un proceso que, como pueblos indígenas, hemos iniciado hace más de 20 años. Las propias Naciones Unidas dicen que los derechos humanos son inherentes e inalienables, y deben aplicarse a todos los pueblos sin discriminación.

Solicitamos que la Secretaría de esta sesión informe inmediatamente sobre esta acción a la Oficina del Alto Comisionado para los Derechos Humanos y a la Alta Comisionada. También solicitamos que la Secretaría realice las diligencias necesarias para que los huelguistas puedan permanecer en la ONU durante toda la semana mientras se lleva a cabo la sesión.

Los delegados indígenas que participan en la huelga de hambre dentro de las Naciones Unidas son:

Adelard Blackman, Nación Buffalo River Dene, Canadá;
Andrea Carmen, Nación Yaqui, Arizona, Estados Unidos;
Alexis Tiouka, Kaliña, Guyana Francesa;
Charmaine White Face, Oglala Tetuwan, Territorio de la Nación
    Sioux, Norteamérica;
Danny Billie, Nación Seminole Tradicional Independiente de
    Florida, Estados Unidos;
Saúl Vicente, Zapoteca, México

APÉNDICE E

Notas de la Secretaría, diciembre del 2004

Sobre las reuniones del Vicepresidente de la Comisión de Derechos Humanos, Embajador Gordan Markotic, con representantes de delegaciones indígenas durante los días 30 de noviembre y 1 de diciembre del 2004, en Ginebra.

En nombre del Presidente de la Comisión de Derechos Humanos (CDH), del Vicepresidente de la CDH, del Embajador de Croacia Gordan Markotic, se reunieron el martes 30 de noviembre y el miércoles 1 de diciembre del 2004 debido a que representantes de delegaciones indígenas estaban emprendiendo un ayuno espiritual para protestar contra ciertos aspectos relacionados con los procedimientos del Grupo de Trabajo sobre el proyecto de Declaración sobre los Derechos de los Pueblos Indígenas (GT).

1ra reunión:

1. Los representantes de las delegaciones indígenas indicaron que estaban representando a un gran número de comunidades, naciones, pueblos e individuos que estaban profundamente preocupados por la falta de progreso en las actividades del Grupo de Trabajo. En particular, destacaron tres áreas de preocupación, concretamente:

    a. Decepción sobre el proceso de consulta y discusión dentro del GT, así como sobre las posiciones de algunos estados, lo que ha dado como resultado la ausencia de cualquier posibilidad de que se adopte la declaración diez años después de haber sido colocada como una prioridad en la agenda de la ONU, al inicio del Decenio de los Pueblos Indígenas;

    b. Nos preocupa que la CDH no esté debidamente informada sobre el proceso y la posición de las delegaciones indígenas en relación al proyecto de declaración, en particular sobre sus disposiciones sustanciales;

c. La necesidad de que la CDH reconsidere el enfoque adoptado e inicie un proceso que sea más productivo y que conduzca a una conclusión satisfactoria, y a la adopción de una Declaración que sea aceptada por los pueblos indígenas y que defienda sus derechos.

2. Los representantes estaban muy preocupados por la responsabilidad que tenían hacia sus antepasados y frente a las futuras generaciones de asegurar que este texto sea finalmente adoptado de manera satisfactoria y que contenga los estándares mínimos y derechos humanos para los pueblos indígenas. Al respecto dijeron que, si las cosas empeoraban, sería preferible no adoptar ninguna declaración, en lugar de adoptar una que sea mala y que pudiera afectar negativamente a los pueblos indígenas.

3. Se consideró que el texto de la Subcomisión, que había sido discutido durante diez años por la Comisión de Derechos Humanos, representaba una compilación de normas básicas y mínimas negociadas entre los estados, expertos de la Subcomisión y ONGs indígenas; y constituía el único documento que debería guiar el trabajo del GT durante esta etapa. Este texto fue considerado por muchos participantes indígenas como un mínimo estándar y su negociación sería inaceptable. Por lo tanto, hubo una absoluta decepción, ya que diez años después del establecimiento del Grupo de Trabajo, solamente se habían adoptado provisionalmente dos disposiciones. Además, las ONGs indígenas han estado cada vez más preocupadas por los métodos de trabajo propuestos por el Presidente del GT, según los cuales sólo se debatirían las nuevas propuestas o los cambios propuestos, dando la impresión de que no hubo acuerdo sobre ninguna otra disposición hecha por parte de las delegaciones en el borrador existente. Por el contrario, las ONGs indígenas habían considerado que ya se podían adoptar varias disposiciones, ya sea porque no habían sido objeto de ningún cambio propuesto o porque los alcances de dichos cambios no eran de importancia y no afectaban los derechos expresados, y por lo tanto estas disposiciones estaban listas para su adopción. Se lamentó que el Presidente

no haya considerado apropiado que el Grupo de Trabajo adoptara estas disposiciones, como lo habían sugerido firmemente las ONGs indígenas y numerosos estados.

4. Otro motivo de preocupación era que la opinión de las delegaciones indígenas no se veía reflejada adecuadamente en el informe a la CDH y que un borrador de proyecto que no tenía el respaldo de las delegaciones indígenas podía presentarse repentinamente ante la Comisión para su adopción. En este contexto, también existía la preocupación de que un documento consolidado preparado por el Presidente del Grupo de Trabajo pudiera ser considerado como un documento de consenso, cuando no lo era. Por el contrario, este documento no refleja en absoluto las preocupaciones de las delegaciones indígenas. Esto fue expresado para explicar los intereses de las delegaciones, para que quede claro y registrado, y para que sus opiniones fuesen debidamente comunicadas a la CDH. El vicepresidente también tomó nota de la posición de las delegaciones sobre la necesidad de garantizar una amplia participación indígena en este proceso y, confirmó que informaría a la Comisión sobre esta posición.

5. Al concluir la primera reunión, el vicepresidente proporcionó información sobre el funcionamiento del CDH en situaciones regulares y respondió a algunas de las preocupaciones expresadas. En particular, expresó que los procesos en la ONU son largos pero que esta era la única manera de proceder en esta etapa. Se comprometió personalmente a informar al Presidente de la CDH sobre esta reunión y, a través de él, se informaría a los miembros del Consejo, así como a los coordinadores regionales. El Vicepresidente alentó a los representantes indígenas a que conversen con el Presidente del Grupo de Trabajo, y a que consideren poner fin a su ayuno lo antes posible para no poner en peligro su salud.

6. Asimismo, agregó que los grupos de trabajo intergubernamentales basan su accionar bajo el principio de consenso. Esto hace

que los procesos sean largos, pero logran resultados firmes. También hizo hincapié en que no era viable que la CDH vaya a debatir un proyecto de declaración que no había sido adoptado por un GT. Por último, indicó que, así los representantes continuasen o no su ayuno, él estaría disponible para continuar con la discusión en el momento que mejor les convenga. Sin embargo, expresó con esperanza que, habiendo alcanzado uno de sus objetivos básicos, [ilegible] la CDH informó sus preocupaciones, se pondría fin al ayuno tan pronto como sea posible.

2da reunión:

7. Los representantes de las delegaciones indígenas informaron sobre su discusión con el Presidente del GT. Ellos fueron informados sobre la estructura del informe a la CDH, que tendrá cuatro partes: un informe sobre la discusión general; una lista (un paquete) de artículos que según el Presidente podrían adoptarse; un informe del debate sobre las propuestas de las nuevas disposiciones o de cambios a las que ya existen en relación a temas importantes relacionados a los derechos a la tierra y a los de los tratados, territorios, autodeterminación; y una descripción de temas transversales que los estados consideren que tendrían que ser tratados. Se logró un avance importante ya que el Presidente incluyó una quinta sección donde se indican los temas transversales señalados por las delegaciones indígenas, temas de particular importancia para ellas. Por último, también se aseguró que el informe incluiría una referencia sobre la posición que las delegaciones indígenas expresaron el primer día de la reunión mientras anunciaban su protesta.

8. Sin embargo, los representantes de las delegaciones indígenas estaban preocupados por la intención del Presidente de elaborar un paquete de disposiciones que serían adoptadas en conjunto, a pesar de que algunas de ellas no habían sido respaldadas por los grupos indígenas. Esto tiene como riesgo que el mismo Presidente consolide un texto sin el respaldo de las delegaciones indígenas, el mismo que sería presentado y adoptado por la CDH. Para las

delegaciones indígenas, la mejor manera de accionar consistiría en tener la mayor cantidad posible de disposiciones listas para ser adoptadas, para así asegurar que se establezca una nueva dinámica en el proceso de negociación.

9. Finalmente, reiteraron que sería mucho mejor no tener ninguna declaración frente a tener un documento percibido como malo, uno que limite los derechos de los pueblos indígenas o que califique sus derechos en comparación con otros pueblos en el derecho internacional.

10. El Vicepresidente hizo hincapié en que reconocía las preocupaciones de las delegaciones indígenas y que respetaba sus puntos de vista, y reiteró que, en su opinión, no se podía adoptar ninguna declaración en la fase actual, simplemente porque no había consenso sobre el contenido de dicha declaración. Asimismo, saludó la decisión del Presidente de haber aceptado insertar una quinta sección en el informe que resumiría las preocupaciones de las delegaciones indígenas.

11. El Vicepresidente reiteró su determinación de informar al Presidente de la Comisión de Derechos Humanos sobre sus dos reuniones con las delegaciones indígenas y sobre el contenido del diálogo y, a través de él, a los miembros del consejo y a los coordinadores regionales. En lo que respecta al Grupo de Trabajo, no está dentro de sus prerrogativas interferir con los procedimientos del Grupo de Trabajo.

12. El Vicepresidente concluyó afirmando que, en su opinión, el objetivo de las ONGs indígenas se había alcanzado, es decir, la CDH recibiría la información completa sobre sus consensos y evaluaciones. Por lo tanto, había llegado la hora de suspender su ayuno. Ya que se podrían lograr más avances siguiendo el proceso regular de trabajo del sistema de las Naciones Unidas, pues la continuación de esta acción sólo sería contraproducente. Respondiendo a una pregunta,

indicó que estaría dispuesto a informar a los nuevos miembros de la Comisión sobre el deseo de los representantes de las delegaciones indígenas de reunirse con ellos al inicio de la sesión de la CDH.

13. Los representantes de las delegaciones indígenas expresaron su aprecio por el tiempo y la comprensión del Vicepresidente. Sus comentarios y observaciones fueron muy apreciados. Las delegaciones indígenas consideraron que una nueva vía se abría para garantizar que la perspectiva de los pueblos indígenas sea tomada en cuenta durante este proceso. Ellos estuvieron muy agradecidos por las respuestas del Vicepresidente y ahora van a comunicar al caucus indígena sobre el contenido de la discusión. También apreciaron y tomaron en cuenta el llamamiento del Vicepresidente para poner fin a su ayuno por razones humanitarias. Le dijeron que, basándose en estos factores, su intención era terminar el ayuno con una ceremonia adicional antes de reanudar la reunión del jueves 2 de diciembre por la mañana, para luego poder hablar e informar en la reunión sobre la situación tal como ellos la vieron.

ACNUDH, 1 de diciembre del 2004

Apéndice F

*Conclusión exitosa de la huelga de hambre y del ayuno
espiritual de los representantes indígenas durante la
sesión del Grupo de Trabajo de la ONU sobre el Proyecto de
Declaración sobre los Derechos de los Pueblos Indígenas
Jueves, 2 de diciembre de 2004*

A los medios de comunicación
A los pueblos indígenas del mundo
Hermanas y hermanos
Señoras y señores

Esta mañana, jueves 2 de diciembre del 2004, nosotros, los delegados de los Pueblos Indígenas que llevamos a cabo una huelga de hambre y un ayuno espiritual dentro de las Naciones Unidas durante la décima sesión del periodo entre sesiones del Grupo de Trabajo sobre el Proyecto de Declaración sobre los Derechos de los Pueblos Indígenas, realizamos una ceremonia tradicional Lakota para concluir nuestro ayuno.

A través de esta ceremonia, ofrecimos nuestro profundo agradecimiento por los resultados positivos de esta acción, los mismos que excedieron nuestras expectativas. También oramos por todos los pueblos, organizaciones e individuos que nos apoyaron y brindaron asistencia.

Este apoyo fue vital para el éxito de nuestros esfuerzos e hizo que este pequeño sacrificio valiera la pena.

Hemos decidido poner fin a nuestra huelga de hambre y ayuno espiritual por los derechos de los pueblos indígenas en respuesta al pedido del representante del Alto Comisionado de las Naciones Unidas para los Derechos Humanos y del Vicepresidente de la Comisión de Derechos Humanos de las Naciones Unidas, quienes se han reunido con nosotros, nos han escuchado con la mente y con el corazón abiertos, y han respondido a nuestras preocupaciones con propuestas que ofrecían, desde nuestro punto de vista, avances concretos y positivos.

Ellos nos solicitaron que finalizáramos esta acción ya que la mayoría de nuestros objetivos inmediatos se han cumplido. A largo plazo, ellos continuarán trabajando con nosotros para asegurar que ningún documento diferente del texto de la Subcomisión sea adoptado por la Comisión de Derechos Humanos, si éste no es elaborado en consenso con los pueblos indígenas.

Nosotros hemos ofrecido presentar nuestras inquietudes por escrito al Alto Comisionado, al Presidente de la Comisión de Derechos Humanos y a todos los Presidentes de los caucus regionales, para que tengan pleno conocimiento de lo que sucedió en el Grupo de Trabajo.

Ellos nos ofrecieron organizar una reunión entre nosotros y la Comisión de Derechos Humanos, antes de la sesión de la Comisión de Derechos Humanos de marzo del 2005.

Se acordó que, si se extiende el tiempo de trabajo del Grupo de Trabajo, se establecerían nuevos procedimientos para la participación, estos garantizarían que la voz de los pueblos y de las organizaciones indígenas que no pueden estar presentes en Ginebra sea escuchada.

Nosotros, delegados de los pueblos indígenas de diferentes países, emprendimos esta acción, con el apoyo y la solidaridad de los pueblos y de las organizaciones indígenas de todo el mundo, para llamar la atención del mundo sobre los continuos intentos, de algunos estados así como éste procedimiento de la ONU, que buscan debilitar y socavar el Proyecto de Declaración desarrollado por el Grupo de Trabajo de la ONU sobre Poblaciones Indígenas que fue adoptado por la Subcomisión de las Naciones Unidas de Prevención de Discriminaciones y Protección a las Minorías. El apoyo a esta posición continúa y está respaldada mediante una gran cantidad de mensajes recibidos de todo el mundo. Hasta ayer por la noche hemos recibido varios cientos de faxes y correos electrónicos. Alentamos a todos los que han dado a conocer su posición canalizada por esta acción, a continuar monitoreando la situación con relación al proyecto de declaración de la ONU, especialmente con respecto a la posición de los países en los que viven. Les pedimos que continúen informando a estos gobiernos que los pueblos indígenas no permitiremos que nuestros derechos sean negociados, comprometidos o disminuidos en este procedimiento de la ONU, el mismo que fue iniciado por los pueblos indígenas hace ya más de 20 años. Continuaremos pidiendo la adopción del texto de la Subcomisión, ya que éste ya ha sido aprobado por dos organismos de la ONU, y ha sido avalado y respaldado por cientos de pueblos y organizaciones indígenas como el estándar mínimo requerido para el reconocimiento y protección de los derechos de los pueblos indígenas a nivel internacional.

Queremos agradecer al Sr. Dzidek Kedzia, representante del Alto Comisionado para los Derechos Humanos y al Embajador Gordan Markotic, Vicepresidente de la Oficina de la Comisión de Derechos Humanos, por su buena disposición al responder a nuestras preocupaciones.

Nuestro sincero agradecimiento a los miembros de Indigeneve y de doCip por su arduo trabajo y asistencia generosa.

Agradecemos especialmente a los cientos de pueblos y organizaciones indígenas, así como a los amigos y simpatizantes que nos escribieron mensajes de apoyo. Instamos firmemente a que sus voces sigan siendo escuchadas en estas discusiones ya que afectan directamente sus vidas y su supervivencia.

Apreciamos y saludamos especialmente a nuestro hermano, Marcelino Díaz de Jesús, conocido por muchos de nosotros, que ha estado en huelga de hambre en su comunidad en México en solidaridad con nosotros, al igual que muchos otros hermanos en todo el mundo.

Hermanos y hermanas, estamos en esta gran casa, pero no es nuestra casa. Estamos en un palacio donde los documentos son escritos para los pueblos, pero no para nuestros pueblos indígenas. Nos abren las puertas para que entremos, pero cierran sus oídos y corazones. ¿Qué podemos hacer? Podemos hacer muchas cosas, incluso una huelga de hambre. Pero hay una cosa que nunca debemos hacer: nunca, nunca debemos renunciar a nuestros derechos.

Para nuestros pueblos, nuestras generaciones futuras y para todas nuestras relaciones,

Adelard Blackman, Nación Buffalo River Dene, Canadá;
Andrea Carmen, Nación Yaqui, Arizona, Estados Unidos;
Alexis Tiouka, Kali'a, Guyana Francesa;
Charmaine White Face, Ogala Tetuwan, Territorio de la Nación
    Sioux, Norteamérica;
Danny Billie, Nación Tradicional Independiente Seminole de Florida,
    Estados Unidos;
Saúl Vicente, Zapoteca, México.

Apéndice G

Declaración conjunta de las delegaciones indígenas
Viernes 3 de febrero del 2006

Grupo de Trabajo del periodo entre sesiones sobre el Proyecto de Declaración de las Naciones Unidas sobre los Derechos de los Pueblos Indígenas, 11° período de sesiones, Naciones Unidas, Ginebra, Suiza, Declaración conjunta de las delegaciones indígenas, viernes 3 de febrero del 2006.

Gracias señor Presidente,

Todos hemos venido trabajando arduamente esta semana, pero aún no hemos llegado a un consenso sobre las disposiciones fundamentales que son vitales para la supervivencia de los pueblos indígenas y para la integridad de la Declaración. Algunos de nosotros hemos estado involucrados desde el primer día de este proceso que comenzó hace 24 años en el WGIP. No olvidamos los espíritus de lucha de nuestros hermanos y hermanas Bill Wahpepah, Tony Black Feather, Sarah Foster, Ingrid Washinawatok, Kawaipuna Prejean, Ed Burnstick, Bob Epstein, Kee Watchman, Roberta Blackgoat y de otros que pusieron sus corazones y espíritus en la redacción de esta Declaración, y que ya no están con nosotros en este mundo.

Actualmente, tal vez hemos llegado al final de esta fase de este proceso que se ha prolongado durante más de 11 años. Quizás nos reuniremos en algún otro momento, o tal vez no, no lo sabemos ahora. Pero algo que sí tenemos claro es que, el Presidente Chávez preparará un texto para presentarlo a la Comisión de Derechos Humanos que no hemos revisado, aceptado por completo o respaldado.

El texto de la Subcomisión representa el estándar mínimo que exigimos, como lo venimos diciendo una y otra vez. Aunque la mayoría de nosotros estábamos casi dispuestos a aceptar los cambios en la redacción del texto, cambios que podrían fortalecer, aclarar e incluir los cambios que aborden las preocupaciones de otras delegaciones sin menoscabar los derechos que ésta contenía, nosotros nunca tuvimos la autorización de los pueblos a los que representamos de aceptar el debilitamiento de ninguno de los derechos. Estamos muy preocupados de que esto suceda si las disposiciones propuestas, por algunos estados, son presentadas a la Comisión como parte de la nueva versión de la Declaración que presentará el Presidente, que, a pesar de nuestras fuertes objeciones, permanecerían en el texto del Presidente que será presentado a la CDH.

Queremos hacer esta declaración formal y pedirle al Presidente que tome nota y que la incluya en su informe a la Comisión: No hubo consenso sobre la redacción de muchos de los artículos en el texto que el Presidente presentará. Parte de esta redacción, al menos como está ahora, fue rechazada directamente por muchos de los participantes indígenas, donde nosotros también nos incluimos.

Nosotros participamos en cada sesión, pero eso no implica nuestro acuerdo o consentimiento sobre lo que se presentará. Nos reservamos el derecho a rechazar el texto del Presidente y declaramos que éste no refleja nuestros puntos de vista y que sólo respaldamos el texto de la Subcomisión de 1994, el único texto consensuado por un organismo de la ONU y por los Pueblos Indígenas. Instamos a la CDH a considerar dicho texto mientras delibera sobre qué hacer en su próxima sesión.

Los derechos que se reconocerán para nuestros nietos y generaciones futuras dependen, en gran medida, de la fortaleza que tendrá la Declaración que será aprobada por las Naciones Unidas. Su legitimidad necesita el consentimiento absoluto de los pueblos a quienes afectará directamente, es decir, los pueblos indígenas.

Gracias.

International Indian Treaty Council, Confederacy of Treaty Six First Nations, Aotearoa Indigenous Rights Trust, Na Koa Ikaika Kalahui Hawaii, Chickaloon Village, Alaska, Buffalo River Dene Nation, Teton Sioux Nation Treaty Council, Wara Instituto Indígena Brasileiro, Centro de Asistencia Legal y Popular Panamá, Asociación Napguana, Comisión de Jurista Indígena de Argentina, the Indigenous World Association and Maa Civil Society Forum.

APÉNDICE **H**

Tierras tradicionales del Oceti Sakowin

El Dr. Ph.D. Leo J. Omani, publicó el mapa con el permiso del Centro Cultural Indio de Saskatchewan, Saskatoon, SK Canadá. El jefe Leo Omani ha realizado un trabajo adicional que muestra que los límites originales abarcaban 24 estados estadounidenses y 4 provincias canadienses.

Apéndice I

Declaraciones de Alice Four Horns[1] y de Clifford White Eyes*

Declaración de Alice Four Horns miércoles, 19 de octubre del 2005.

Testigos: Clifford White Eyes, Garvard Good Plume Jr., Charmaine White Face.

"En 1999, en Bear Butte tuvieron una gran reunión. Crow Dog, Roy Stone, Sam Wounded Head fueron unos de los hombres que estuvieron allí. Habían muchos más. Se hizo un ritual ceremonial de sudoración (inipi) en Bear Butte. Ellos realizaron cuatro sesiones. Habían dos cabañas de sudor:[2] una era para hombres y una era para agachadas, casi gateando. Dentro de la cabaña es muy difícil ponerse de pie, es físicamente difícil y además está totalmente oscuro. En el centro de la cabaña se introducen piedras calientes, luego se cierra la entrada, se rocía agua sobre las piedras para crear vapor y mujeres. Yo no asistí al ritual de sudoración porque dos mujeres estaban peleando. Tenía conmigo mi amuleto sagrado y oré con él. Todos oraron. Yo colgué mis lazos de oración y oré para que este grupo termine bien".

---

1   Alice Four Horns habla principalmente el idioma Lakota. Para tener una declaración legítima en inglés, ella dio su declaración verbal el miércoles 19 de octubre del 2005. Pero para que fuera un documento legal y escrito, tenía que estar firmado por un notario. Su declaración fue grabada en una grabadora, transcrita al inglés, y luego enviada a Clifford White Eyes para que él pudiera leerla. Ella tenía 85 años en ese momento. Fueron al notario el 18 de noviembre del 2005, donde ella firmó el documento y éste fue certificado por el notario. La fecha del 18/08/07 es la fecha de vencimiento de la validez de la certificación del Notario Público.

2   La "cabaña de sudor" o "Inipi" en el idioma Lakota se refiere a una pequeña cabaña redonda hecha de ramas de sauce y telas o mantas donde se realizan ceremonias de curación y oración. El suelo es la madre tierra. La cabaña es también llamada: "el vientre de la Madre Tierra". La cabaña tiene una pequeña entrada que puede estar ubicada hacia el oeste o al este, que es por donde la persona entra y luego se sienta contra las paredes siguiendo la forma circular de la cabaña. La altura de la cabaña no es muy alta es por esta razón que las personas entran agachadas, casi gateando. Dentro de la cabaña es muy difícil ponerse de pie, es físicamente difícil y además está totalmente oscuro. En el centro de la cabaña se introducen piedras calientes, luego se cierra la entrada, se rocía agua sobre las piedras para crear vapor y se cantan oraciones. La ceremonia continúa hasta que todos hayan tenido la oportunidad de orar. Cuando la ceremonia termina, todos salen de la cabaña. Cuando la persona sale, se siente como un bebe recién nacido, tanto espiritual como físicamente.

"Mi nombre es Watehila Win. Mi nombre significa 'Mujer compasiva'".

En Bear Butte, ella colgó sus lazos de oración. Ella oró a las cuatro direcciones, a la madre tierra y al cielo. "Mahto Paha, ellos suben y se quedan durante dos días, luego regresan y tienen una ceremonia de sudoración".

Ella contó una historia sobre una Keya (tortuga) y un Mastincala (conejo) Ki inyanka (raza): "El pueblo Lakota son las tortugas. El conejo se refiere al [colonizado]. El conejo juega, duerme, salta, pero la tortuga continúa avanzando. La tortuga va a ganar y el conejo va a perder".

Ella vio el Oceti Sakowin, La Gran Nación Sioux en Bear Butte. Tony [Black Feather] también estaba vivo. "Vi a Tony allá arriba. Le dije que estaba feliz de verlo. Habían muchas mujeres toka y mujeres diferentes de un lado y mujeres Lakota del otro lado. Habían algunos inyans (piedras) en el medio. Ned Metcalf estaba allí. Les dio tabaco Prince Albert. Dijo que la última vez que vinieron los hombres mayores fue durante el Consejo de los Siete Fuegos.

Pusieron tabaco en el fuego. Oré por esta organización [Consejo de los Tratados de la Nación Teton Sioux]. Nos unimos y oré. Todos se unieron y me honraron. Oré a las cuatro direcciones y a la madre se cantan oraciones. La ceremonia continúa hasta que todos hayan tenido la oportunidad de orar. Cuando la ceremonia termina, todos salen de la cabaña. Cuando la persona sale, se siente como un bebe recién nacido, tanto espiritual como físicamente tierra. Habían diferentes tribus vendiendo cosas. Las camisetas costaban $15.00 dólares y compré una".

"En 1994, en la reunión de Ring Thunder, eligieron a Charmaine White Face como portavoz. (Clifford dijo que esto ocurrió en la residencia de Harry Blue Thunder). Había wojapi, té, jugo, galletas. Tenían una gran carpa de circo. Mucha gente estaba allí y durmió allí. Bailé la danza circular con Martínez [Profesor Miguel Alfonso Martínez, el experto del Grupo de Trabajo de las Naciones Unidas sobre Poblaciones Indígenas que estaba investigando sobre los tratados indígenas con gobiernos colonizadores]. Hubo un baile (tradicional indio) esa noche.

"Vino una señora y adoptaron a Kent [Lebsock] y le dieron un tejido ceremonial llamado el edredón de estrellas. Yo adopté a Tonya [Gonella Fichner] y le di un edredón de estrellas. Tony [Black Feather] y Garfield [Grass Rope] estaban allí. Tuvieron reuniones, dos veces con Kent y Tonya durante un período de dos años en Ring Thunder. Hablé y también nos grabaron a mí y a Simon Broken Leg. Eso es todo lo que quiero decir".

Interpretado por Gavard Good Plume J.

Transcrito por Charmaine White Face

Suscrito por: <u>Alice Four Horns</u>   **Fecha:** <u>11-18-05</u>

Presenciado por: <u>Clifford White Eyes</u>   **Fecha:** <u>11-18-05</u>

Suscrito y jurado ante mi persona el día 18 de noviembre del 2005. (Firma) ante Notario público 08/18/07

Declaración de Clifford White Eyes

En julio de 1994, cuando Garfield Grass Rope y Tony Black Feather fueron a Ginebra, a las Naciones Unidas, Garfield entró al baño. Otros dos hombres entraron. Hablaban en inglés americano y él sabía que eran los funcionarios estadounidenses. Uno de los funcionarios de los Estados Unidos dijo que los sabios nativos americanos se estaban fortaleciendo con el proceso del tratado. Garfield también lo escuchó decir que ninguno de los sabios tenía un título de educación superior, por lo que no podrían manejar la redacción de los documentos en la Corte Mundial.

Garfield tenía muchos escritos realizados por Charmaine White Face. Cuando Garfield regresó a casa mencionó esto en Ring Thunder cuando el Consejo de los Tratados se reunió, seleccionaron a Charmaine para que trabaje para ellos en las Naciones Unidas.

En diciembre del 2003, Tony contó sobre este proceso. Mencionó que todos estaban envejeciendo y retirándose de la vida. Dijo que habrá una nueva era y que Charmaine White Face será la portavoz. Él dijo: "te daré todos los documentos y respaldaré a Charmaine White Face y tú apóyala en todo lo que puedas".

No escuché nada sobre esto en 1994, pero Tony siempre hablaba de eso. Garfield murió en 1997, pero siempre mencionaron eso. Y, un año antes de que falleciera, él mencionó que Charmaine White Face continuará con el trabajo sobre el Tratado. Nadie puede discutir esto porque ellos fueron los que lo iniciaron.

Tony conoció a AILA (American Indian Law Alliance) y ellos se ofrecieron como voluntarios para apoyarnos. Él dijo: "Cuando sientas que no nos están ayudando, aléjate de ellos".

Certifica: <u>Clifford White Eyes</u> 11-17-05

Testigo: <u>Alice Four Horns</u> 11-17-05

Suscrito y jurado ante mi persona este 17 día de noviembre 2005
Notario Público. Mi comisión expira el 6/7/11

Notas

1. Ver Apéndice C: *Carta del Consejo de los Tratados de la Nación Sioux a la Asamblea General, 30 de noviembre del 2006.*

2. Ver Apéndice D: *Declaración de huelga de hambre.*

3. Ver Apéndice E: *Notas de la Secretaría, diciembre del 2004 y Apéndice E: Conclusión exitosa de la huelga de hambre y del ayuno espiritual de los representantes indígenas durante la sesión del Grupo de Trabajo de la ONU sobre el Proyecto de Declaración sobre los Derechos de los Pueblos Indígenas.*

4. Ver Apéndice G: *Declaración conjunta de las delegaciones indígenas, viernes 3 de febrero del 2006.*

5. **El Pacto Internacional de Derechos Económicos, Sociales y Culturales (ICESCR)** es un tratado multilateral adoptado por la Asamblea General de las Naciones Unidas el 16 de diciembre de 1966 y vigente desde el 3 de enero de 1976. Compromete a sus partes a trabajar para la concesión de derechos económicos, sociales y culturales (ESCR) a los individuos, incluidos los derechos laborales y el derecho a la salud, el derecho a la educación y el derecho a un nivel de vida adecuado. Al momento de escribir este artículo, los Estados Unidos han firmado, pero aún no han ratificado el Pacto.De Wikipedia: https://en.wikipedia.org/wiki/International_Covenant_on_Economic,_Social_and_Cultural_Rights. Consultado el 14 de junio del 2012.

El Pacto Internacional de Derechos Civiles y Políticos (ICCPR) es un tratado multilateral adoptado por la Asamblea General de las Naciones Unidas el 16 de diciembre de 1966 y vigente desde el 23 de marzo de 1976. Compromete a sus partes a respetar los derechos civiles y políticos de los individuos, incluido el derecho a la vida, a la libertad de religión, a la libertad de expresión, a la libertad de reunión, los derechos electorales y los derechos al debido proceso y a un juicio justo. Los Estados Unidos han firmado y ratificado este Pacto. De Wikipedia: http://en.wikipedia.org/wiki/International_Covenant_on_Civil_an d_Political_Rights. Consultado el 14 de junio del 2012.

La Declaración y Programa de Acción de Viena, también conocida como **VDPA**, es una declaración de derechos humanos adoptada por consenso en la Conferencia Mundial de Derechos Humanos el 25 de junio de 1993 en Viena, Austria. El Alto Comisionado de las Naciones Unidas para los Derechos Humanos fue creado por esta Declaración respaldada por la Resolución 48/121 de la Asamblea General. De Wikipedia: http://en.wikipedia.org /wiki/Vienna_Declaration and_Programme_of_Action. Consultado el 14 de junio del 2012.

6. El sitio web oficial de Derechos Humanos de la ONU declara: **"La Declaración Universal de Derechos Humanos (DUDH)** es un hito en la historia de los derechos humanos. Redactada por representantes con diferentes trayectorias legales y culturales de todas las regiones del mundo, la Declaración fue proclamada por la Asamblea General de las Naciones Unidas en París el 10 de diciembre de 1948, resolución 217 A de la Asamblea General (III) (francés) (español) como un estándar común de logros para todos los pueblos y todas las naciones. Establece, por primera vez, los derechos humanos fundamentales que deben protegerse universalmente". En línea: http://www.ohchr.org/en/udhr/pages/introduction.aspx. Consultado el 14 de junio del 2012.

7. **Carta de las Naciones Unidas** es el tratado fundacional de la organización internacional llamada Naciones Unidas. Fue firmada en San Francisco, Estados Unidos, el 26 de junio de 1945, por 50 de los 51 países miembros originales (Polonia lo firmó dos meses después). La Carta entró en vigor el 24 de octubre de 1945, luego de ser ratificada por los cinco miembros permanentes del Consejo de Seguridad: China, Francia, la Unión de Repúblicas Socialistas Soviéticas (luego reemplazada por la Federación Rusa), el Reino Unido y los Estados Unidos –y por la mayoría de los otros países signatarios. Hoy, 193 países son miembros de las Naciones Unidas. El texto completo de la Carta de las Naciones Unidas puede encontrarse en el sitio web de la ONU: http://www.un.org/en/documents/charter/. Consultado el 18 de octubre del 2012. De Wikipedia: http://en.wikipedia.org/wiki/United_Nations_Charter. Consultado el 18 de octubre del 2012.

8. **"La Corte Internacional de Justicia (CIJ)** es el órgano judicial principal de las Naciones Unidas (ONU). Fue establecido en junio de 1945 por la Carta de las Naciones Unidas y comenzó a funcionar en abril de 1946.

"La sede de la Corte está en el Palacio de la Paz en La Haya (Países Bajos). De los seis órganos principales de las Naciones Unidas, este es el único que no se encuentra en Nueva York (Estados Unidos de América).

"La función de la Corte es resolver, de conformidad con el derecho internacional, las controversias jurídicas que le sean presentadas por los Estados; y emitir opiniones consultivas en relación a cuestiones jurídicas que le sean solicitadas por los órganos y los organismos especializados autorizados de las Naciones Unidas."

"La Corte está compuesta por 15 magistrados, elegidos para un mandato de nueve años por la Asamblea General de las Naciones Unidas y el Consejo de Seguridad. Cuenta con la asistencia de una secretaría, su órgano administrativo. Sus idiomas oficiales son inglés y francés".

El sitio web de la Corte Internacional de Justicia: http://www.icj-cij.org/court/index.php?p1=1. Consultado el 18 de octubre del 2012.

Índice Alfabético

Sobre la Autora

Charmaine White Face, Zumila Wobaga ("una pequeña sabia que deja huella"), es Oglala Tetuwan (dialecto Lakota) de Oceti Sakowin (Gran Nación Sioux) de Norteamérica.

Desde su primera infancia, su abuela paterna le enseñó sobre los tratados que los Estados Unidos y la Gran Nación Sioux firmaron. Su abuela también le enseñó sobre las diferencias culturales que existen entre estas dos naciones. Esta influencia ha permeado su forma de escribir y determina su filosofía, pensamiento, trabajo y vida.

FOTO POR SUSAN ROBERTS

Ella es una de los pocos miembros de la tribu Oglala Sioux que ha obtenido un título en ciencias. La Sra. White Face obtuvo un título con una doble especialización, en Biología y Ciencias Físicas, en 1973. Ella se ha servido de esta educación para enseñar ciencias ambientales a nivel universitario.

Lideresa comunitaria de larga data, la Sra. White Face comenzó su trabajo organizativo hace treinta años como voluntaria en la Junta de Directores de la Asociación para la Educación India de Dakota del Sur, de la que fue miembro durante cinco años. Con el paso de los años, no sólo continuó ofreciendo sus habilidades organizativas de manera voluntaria, sino que también trabajó como organizadora profesional para una organización ambiental nacional.

También trabajó como administradora de la tribu Oglala Sioux en la reserva india de Pine Ridge. Ella jugó un papel activo en el desarrollo de las leyes tribales, de la gestión de departamentos y de la administración de programas federales.

Asimismo, ha sido columnista política. Sus escritos han sido publicados en revistas y en colecciones de ensayos en los Estados Unidos y Gran Bretaña. Es autora del libro titulado Testimony for the Innocent, que es un relato biográfico de sus experiencias como tesorera de la tribu Oglala Sioux. Durante los últimos veinte años, sus editoriales y ensayos han reivindicado la reforma política, la justicia social y la protección y restauración del medio ambiente.

A través de sus publicaciones, el Consejo de los Tratados de la Nación Sioux, establecido en 1894 por He Dog, jefe de la tribu, reconoció el conocimiento que ella tenía sobre la soberanía de la Gran Nación Sioux. En 1994, para su sorpresa, el Consejo la designó para ser la sucesora del portavoz –el cargo portavoz es un nombramiento de por vida. Ella asumió las funciones como portavoz en 2004. Su trabajo para el Consejo de los Tratados es defender el Tratado de Fort Laramie de 1868.

Desde el 2002, ha estado participando en las Naciones Unidas en Ginebra, Suiza y en la ciudad de Nueva York, Nueva York, abogando por la Gran Nación Sioux y por otros pueblos indígenas. En un momento de coyuntura crítica en el desarrollo de la Declaración sobre los Derechos de los Pueblos Indígenas, participó del ayuno espiritual / huelga de hambre llevada a cabo en diciembre del 2004 en las Naciones Unidas en Ginebra, Suiza.

En el 2002, fundó una organización voluntaria de justicia ambiental y social llamada Defenders of the Black Hills. La organización lucha por la protección, preservación y restauración del medio ambiente de los Territorios de los Tratados de 1851 y 1868. La organización está compuesta por miembros de diferentes Naciones Indígenas, así como por personas no indígenas de los Estados Unidos, Canadá y Europa.

Actualmente está trabajando en la limpieza de miles de minas de uranio a cielo abierto abandonadas y de prospecciones mineras. El polvo radiactivo, los desechos y la lixiviación de estos sitios están contaminando el medio ambiente del oeste de Dakota del Sur y de las Grandes Llanuras del Norte –Territorio del Tratado de 1868.

La Sra. White Face es madre, abuela y bisabuela. Sus pasatiempos incluyen la costura, la lectura, la jardinería y las películas antiguas. Vive en Rapid City, Dakota del Sur.